COCINA EN CASA

COCINA EN CASA

PAU ARENÓS

101 RECETAS ORIGINALES,
RESULTONAS Y FAMILIARES

Papel certificado por el Forest Stewardship Council®

MIXTO
Papel procedente de
fuentes responsables
FSC® C117695

Penguin
Random House
Grupo Editorial

Primera edición: septiembre de 2022

© 2022, Pau Arenós
© 2022, Penguin Random House Grupo Editorial, S. A. U.
Travessera de Gràcia, 47-49. 08021 Barcelona

Printed in Spain – Impreso en España

ISBN: 978-84-18967-30-6
Depósito legal: B-11.891-2022

Compuesto en M. I. Maquetación, S. L.

Impreso en en Gráficas 94, S. L.
Sant Quirze del Vallès (Barcelona)

C 9 6 7 3 0 6

ÍNDICE

SEÑOR PIMIENTA 10

PARA COMENZAR

Gambas jugosas al ajillo 14

Patata y judía (¿patata y judía?) 16

Cigala manos arriba
con sobrasada 18

Ensalada mecano con cruasán 20

Guisantes con un caldo claro
de mejillones 22

Col con *beurre blanc* 24

Tartar de atún, *brioche*, huevas
y mayonesa de grasa ibérica 26

Calamarcitos con crema
de garbanzos y alga nori 28

Longueirón ibérico 30

Boquerones sobre hoja
de higuera (o papel de horno) 32

Bolas de espinacas y gouda 34

Costillitas de conejo con salsa
barbacoa picante 36

Colmenillas a la crema 38

Chipirones en aceite 40

Cigalas a la sal 42

Anchoa, mantequilla, *brioche* 44

Paté de *la maison* 46

Espárragos con crema
de trufa negra 48

Ensaladilla rusa con *allioli* suave 50

Falso arroz meloso bajo cubierta
de bacalao 52

Garbanzos con (tripa de) bacalao
y espinacas 54

Tortillita de camarones, algas
y bonito seco 56

Ensalada ácida de melocotón 58

Alcachofas al grill, tomillo y
parmesano 60

Escabeche diferente de sardinas — 62

Judías con almejas
(guiso al momento) — 64

Fricandó de berenjenas — 66

Tonno tonnato — 68

Caballa a la llama
y patatas aliñadas — 70

Almejas alegres con sofrito — 72

Callos de pulpo — 74

Tirabeques con emulsión
de anchoas — 76

Ensalada César (sin Ave) — 78

Guacamole con hierbas — 80

Lata de almejas frescas
y picantes — 82

Ensalada Waldorf con yogur — 84

PARA SEGUIR

Bonito confitado con tomate
con tríceps — 88

Gambas, *suquet* y huevo
abuñuelado — 90

Picantón al vermut — 92

Cazuela de sepia, butifarra
y patata — 94

Guante de calamar relleno
de butifarra — 96

Tallarines con ragú de pulpo — 98

Huevo, patatas fritas y tartar
de atún picante — 100

Cazuela de calamarcitos,
butifarra, patata e hinojo — 102

Carrilleras con salsa de fricandó — 104

Romesco de garbanzos y brócoli — 106

Un pollo entero al horno — 108

Filamentos de raya, ajos
y guindilla (no me «rayes») — 110

Escudella vegetariana
con albóndigas de garbanzos — 112

Calamares a la carbonara — 114

Lentejas con butifarra tuneada — 116

Guisantes con calamarcitos
y tomate — 118

Mucho morro — 120

Suquet de dorada   122

Garbanzos con sardina
ahumada y aceite de albahaca   124

Tallarines con chipirones
encebollados   126

Patata con máscara y huevo   128

Coca de sardinillas, mejorana
y pimientos   130

Curri de coliflor (y picada)   132

Garbanzos con tellinas
(2 platos en 1)   134

«Esto no es un pollo,
general Tso»   136

Conejo con sepia y tomate
(y poliamor)   138

Xulla al forn   140

Bikini de sobrasada, miel
y queso   142

Coliflor a lo José Andrés
con salsa barbacoa   144

Bocadillo de caballa con rollo   146

Cazuela de fideos, potas
y morro   148

Arroz verde   150

Arroz de costilla y *ceps*   152

Arroz de conejo y caracoles   154

Arroz frito con hortalizas   156

Muslos de pollo con galeras   158

Carbonara de *perol*   160

Caballa envinagrada y berenjena
especiada   162

Gallo & patatas   164

Presa adobada y calabaza
con mandarina:
todo al naranja   166

Fideos con bonito como
un marmitako   168

Suquet frío de boquerones   170

Espaguetis con sardinillas
de lata   172

Calamar enrollado   174

Carrilleras con chocolate
y sésamo   176

Albóndigas (con prisa)
al curri rojo   178

Bacalao al pilpil en un círculo
de garbanzos   180

Cabracho frito   182

Costilla de cerdo con curri
y hierbas al horno   184

Oriental burger   186

Pulpitos con cebolla y patata   188

Lenguado de microondas
a la mantequilla   190

Sándwich de tartar de entrecot   192

Pilota sobre judías blancas
cremosas   194

Espaguetis bonitos con bombón
de tomate   196

Llorito, espina y arroz crujiente   198

La *fideuà* de casa   200

Espalda de cordero al horno
(y su taco)   202

Trinxat de la costa   204

Albóndigas de gambas
o gambas con albóndigas   206

PARA ACABAR

Torrijas especiadas   210

Fresones líquidos con nata   212

Esta no es la tarta de queso
de La Viña   214

Flan cremoso   216

Tableta de chocolate   218

SEÑOR PIMIENTA

La mayoría de las recetas de este libro terminan con dos palabras como si de un código se tratara.

Sal.

Pimienta.

El verbo que da la unión de ambas es singular, dos sustantivos que se alían para la acción: salpimentar. Es tan importante la asociación que ha creado la necesidad de una palabra.

La pimienta negra —ocasionalmente la blanca— es básica en mi cocina y no concibo el acto sin el movimiento del molinillo, sin el juego de muñeca de tenista casero y tiro corto. Porque siempre es fresca. Entendámonos: la baya ha sido secada en el trópico, pero el polvillo que resulta al ser triturada es liberado al instante, como si fuera un geniecillo con su aporte de picardía.

El giro final, el golpe de molinillo, pretende que la historia acabe en lo alto.

¿Qué aporta el recetario a la nutridísima prole de volúmenes de este estilo? Diría que diversión —el modo en el que está contado, con el *Por qué* que explica motivos, historias y/o aporta ideas—, pero también chispa y honestidad. Este es un trabajo, básicamente, sincero. Son los platos que preparo para mi familia, los que comemos en casa, los que pensé para el confinamiento (ese tiempo en el que todos fuimos huevo: encerrados en nosotros mismos) y los que he seguido cocinando en semilibertad. La rutina colectiva es sencilla y distribuida: Goretti compra, Nil y Carla ponen y recogen la mesa y yo cocino.

En la búsqueda del máximo realismo hago también la foto y para el acto testimonial e informativo recurro al móvil, un Xiaomi. No uso filtros, aclaro las imágenes, poco más... Tengo tres puntos de iluminación: la mesa de la cocina, la mesa de la terraza y el suelo junto a una puerta de cristal, escenarios que combino según la época del año o si es la hora de comer o la de cenar y si hay luz natural o artificial.

No es que desconfíe de los trabajos profesionales —al contrario, siento admiración—, aunque restan verdad al servicio de una belleza irreal, y frustran al cocinilla, que jamás logra reproducir esa alta expresión. Estilismos, retoques, añadidos, mixtificaciones, platos que no son comestibles, al contrario de lo que sucede aquí: después de la foto, el ataque con cuchillo. Me lo como. Nos lo comemos. Porque esa acción forma parte de lo cotidiano. Cocino, fotografío, como. Solo así es posible este libro, con esa curiosa artesanía mediante el notario *smartphone.*

Otra característica: no hay pesos, los ingredientes aparecen sin gr ni ml ni tpt ni otras abreviaturas codificadas y enigmáticas. Cocino a ojo (excepto los postres, esos, sí, con medidas), reivindico el atrevimiento y una cierta anarquía. Esta es una propuesta (estos son mis principios), pero tengo otras.

Un modo de pensar abierto, nada dogmático, es el que ofrezco: si no almacenas esto en la despensa, usa aquello. Cocino a-partir-de y es lo que propongo: a-partir-de-mis-platos, busca tus-platos. Haz tuyas estas recetas, cámbialas, retuércelas, aprópiatelas. E improvisa. Un día tenía el capricho de guisar unas albóndigas al curri rojo y lo hice a partir de lo que dormía en el congelador: unas hamburguesas de pollo. ¿Cómo? Está contado más adelante.

¿Y de dónde salen las recetas? De la pura invención, de platos célebres reinterpretados (y con rutinas corregidas, esos errores tipo «siempre se ha hecho así») o creados por grandes chefs, célebres o no, y sin una fórmula que me sirva de apoyo (a veces sí, partiendo de lo escrito, busco soluciones diferentes).

Explico el tercer punto de lo enumerado: mi mayor fuente de inspiración son los restaurantes. Me meto en la boca algo que... Vaya. Plaf, tengo ganas de cocinar ¡eso! ¡De inmediato! Sin preguntar cómo lo han hecho, imagino un proceder que se adecúe a mis limitaciones.

¿De qué manera puedo reproducirlo sin los necesarios conocimientos, técnicas y utillaje? Porque soy un cocinero doméstico (eso sí, competente y mañoso), con pocos artilugios (poseo lo básico, con un soplete como mayor rareza) y no he sido formado en los arcanos culinarios. Tengo ideas, juicio, imaginación y morro, y la inventiva forzosa de sacar partido a cualquier cosa.

Las mías son recetas sencillas de ejecutar, pero ocurrentes, vistosas y que dan un resultado apetecible (hasta aquí, la cuña publicitaria).

Todas han sido cocinadas más de una vez —algunas, muchísimas— porque forman, como dije, parte del repertorio familiar. Es, verdaderamente, lo-que-se-come-en-casa. Periódicamente, alguien recuerda la necesidad de que los fuegos del hogar sigan encendidos y me apunto a eso porque fuera está oscuro y hace frío. Cocinar para otros no es solo el acto supremo de comunicación y de confianza —te metes en el cuerpo algo que procede de manos ajenas—, sino de amor, y odio ponerme cursi, porque se hace desde la conciencia y el convencimiento y no desde la rutina y el desapego.

Pastas, arroces, legumbres, huevos, ensaladas, pescados, carnes, hortalizas, postres, cercanía y lejanía, piezas enteras, mar y montaña (muy *fans*), iconos mundiales, bocadillos, crudos, curados y escabeches, marcianadas...

101 recetas que, desde este momento, te pertenecen.
Recuerda.
Sal.
Pimienta.
Mucha pimienta.

PARA COMENZAR

Gambas jugosas al ajillo
—

Patata y judía (¿patata y judía?)
—

Cigala manos arriba con sobrasada
—

Ensalada mecano con cruasán
—

Guisantes con un caldo claro de mejillones
—

Col con *beurre blanc*
—

Tartar de atún, *brioche*, huevas y mayonesa de grasa ibérica
—

Calamarcitos con crema de garbanzos y alga nori
—

Longueirón ibérico
—

Boquerones sobre hoja de higuera (o papel de horno)
—

Bolas de espinacas y gouda
—

Costillitas de conejo con salsa barbacoa picante
—

Colmenillas a la crema
—

Chipirones en aceite
—

Cigalas a la sal
—

Anchoa, mantequilla, *brioche*
—

Paté de *la maison*
—

Espárragos con crema de trufa negra
—

Ensaladilla rusa con *allioli* suave

—

Falso arroz meloso bajo cubierta de bacalao

—

Garbanzos con (tripa de) bacalao y espinacas

—

Tortillita de camarones, algas y bonito seco

—

Ensalada ácida de melocotón

—

Alcachofas al grill, tomillo y parmesano

—

Escabeche diferente de sardinas

—

Judías con almejas (guiso al momento)

—

Fricandó de berenjenas

—

Tonno tonnato

—

Caballa a la llama y patatas aliñadas

—

Almejas alegres con sofrito

—

Callos de pulpo

—

Tirabeques con emulsión de anchoas

—

Ensalada César (sin Ave)

—

Guacamole con hierbas

—

Lata de almejas frescas y picantes

—

Ensalada Waldorf con yogur

—

GAMBAS JUGOSAS AL AJILLO

QUÉ

Gambas rojas
Ajos
Aceite de oliva
Sal fina
Cristales de sal
Pimienta

CÓMO | POR QUÉ

CÓMO	POR QUÉ

Para las gambas: es una receta tan rápida que si no inviertes un rato pelando gambas la resuelves en cinco minutos. Puedes comprarlas ya limpias, incluso asumir la temeridad de que sean congeladas, pero lo óptimo es adquirirlas frescas y de un tamaño importante. Venga, sé animoso, vence la pereza y desviste al crustáceo de su coraza: reserva cabeza y cáscaras para un caldo. Salpimienta los cuerpos rosáceos. Colócalos en una fuente para horno, de cristal resistente y con los laterales altos.

Para el ajo: corta un buen número de láminas y fríelas en una sartén con aceite abundante a fuego lento hasta que queden crocantes. Retira los ajos. Atención: ¡la receta está a punto de acabar! Sube la llama y, con el aceite bien caliente, rocía las gambas que están dentro del recipiente de cristal. Haz ese ardiente movimiento varias veces hasta cubrirlas por completo.

Emplatado: con unas pinzas, traslada los preciados mariscos a un plato, añade el aceite y termina con unas escamas de sal y los ajos fritos sobre las víctimas.

Las gambas al ajillo forman parte de las tapas sagradas del bar y la terraza y, demasiadas veces, son un atentado contra el sentido común. ¿Por qué destruyen la delicada materia que apenas tiene que ser cocinada?

Pides la cazuelita de barro y, además de horrorizarte por el estado de la pieza, desportillada, y con olores extraños por culpa de la mala conservación, lo que llegan son unas gambitas del tamaño de uñas, pero no de extensiones a lo Rosalía, sino de uñitas de niño. Los maltratadores de producto deberían sentarse ante el juez.

La intención de estas líneas es que la gamba aparezca en la mesa en las mejores condiciones: tersa, jugosa, entera, lo menos afectada posible por la micrococción, pero, al mismo tiempo, bien empapada en grasa. El aceite resultante es magnífico porque no solo ha adquirido el sabor del ajo sino que, además, el crustáceo ha liberado su esencia. Ármate con un buen pan y moja sin remordimientos.

QUÉ

Patata
Judía verde
Hierbas secas
Aceite de oliva
Agua
Sal
Pimienta

POR QUÉ

De niño detestaba el plato de patatas
y judías verdes hervidas: me parecía
alimento de tristes. Encontrarlos en la
mesa era una decepción. Y, sin
embargo, también era una aportación
saludable gracias al hervido, técnica,
precisamente, que destruía la textura.
Puestos a romper, ¿por qué no
presentar un puré rústico pero hecho
al horno para conservar aristas de
sabor? Las hierbas secas marcan la
diferencia. Las cultivamos en la terraza
para su aporte en fresco, pero también
las seco para tener provisiones.
Es recomendable almacenar algunas
macetas, aunque sea en el balcón.
Si no hay producción propia, que es lo
corriente, tirar de los botes del súper.

En cuanto a las vainas, el
escaldado facilita conservar el cuerpo
altivo, apartarse de lo pastoso. Con
zanahoria y lascas de ventresca
podría aproximarse a una ensaladilla
rusa. Bueno, agradable, rico. ¿Patata
y judía? Sí, ¡patata y judía!

CÓMO

Para las patatas: pelar, cortar en
rodajas, extender en una fuente de
horno, mojar con agua (pero que no
se ahoguen), aceite, sal, pimienta y las
hierbas secas. Hornear a 200 °C hasta
que estén tiernas, girar si se tuestan.
Pasar a un recipiente en el que poder
trabajar el tubérculo. Aplastar con un
tenedor; si queda agua de la cocción,
bienvenida. Añadir aceite a hilo hasta
que quede una masa agradable al
tacto, untuosa. Rectificar de sal.
Para las judías: cortar al bies,
escaldar (que queden crujientes),
pasar a agua fría para cortar la
cocción y que exalte el verde. En un
plato, aliñar con aceite, sal y pimienta.
Añadir a las patatas y mezclar con
cuidado, sin centrifugar.
Emplatado: no es bonito, pero sí
rico. Plato hondo o plano, da igual.
Puedes espolvorear más hierbas,
y pimienta, por supuesto.

PATATA Y JUDÍA
(¿PATATA Y JUDÍA?)

CIGALA
MANOS ARRIBA
CON SOBRASADA

QUÉ

Cigalas
Sobrasada
Aceite de oliva
Sal
Pimienta

CÓMO

Para la cigala: tiene que ser un bicho con cuerpo decente. Con un cuchillo bien afilado, abrir por la mitad el sarcófago sin llegar a romperlo. En la cabeza, una bolita de sobrasada. En una sartén caliente, depositar la cigala, salpimentar el cuerpo y barnizar con un chorro de aceite. Si el crustáceo es grande, tapar. Cuando la sobrasada brille y comience a deshacerse, apagar el fuego. Cocinar solo por un lado.

Emplatado: colocar la cigala con las pinzas hacia arriba, dar una vuelta al molinillo de pimienta y mojar con un poco de aceite para realzar.

POR QUÉ

Tan sencillo como resultón. El jugo de la cabeza se conjunta con el pimentón y la grasa de la sobrasada: chupar esa mezcla es lanzar flechas de gusto al cerebro. En La Tasquita de Enfrente, en Madrid, Juanjo López corona el cabezón de un carabinero con un pelotazo de cerdo y, después, mete esa llama con cáscara en una papillote: rojo con rojo, placer multiplicado.
Mi versión casera es esta, *acigalada*. Quien quiera ponerse estupendo que diga: «Y cocinada a la unilateral».

QUÉ

Cruasán de mantequilla
Fresitas
Cerezas
Melocotón
Albaricoque
Cherrys
Parmesano
Tarrina de fuagrás
Lechuga
Rúcula
Aceite de oliva
Sal en escamas
Pimienta

POR QUÉ

El popurrí parte de una vieja creación de Nandu Jubany: la ensalada de contrastes que —creo— en común con esta solo tienen el *foie* y el parmesano, y la triada dulce/graso/salado. Él usa hojaldre y yo he preferido el cruasán de mantequilla, que es un hojaldre manipulado por otros. Siendo partidario del que lleva cuernos, para esta preparación es mejor el *descuernado*, el largo, para organizar sin salientes, de forma recta. Lo jugoso arriba y lo untuoso, debajo.

¿Por qué mecano? Porque las frutas cambian según la temporada. Advertirá el lector que esta versión es de primavera. La otoñal podría tener frutos secos, setas, membrillo, granada, manzana, escarola... Y buscar otros quesos duros, más allá del parmesano. El fuagrás es innegociable.

CÓMO

Para el cruasán: en una sartén antiadherente, y a fuego bajo, planchar el cruasán con la ayuda de una espátula. Dar la vuelta y seguir tostando. Esa tabla de surf servirá de base.

Para las frutas: mirar las fresitas (no hay que hacer nada), cortar las cerezas por la mitad y sacar el hueso, cortar los cherrys por la mitad (no tienen hueso), pelar y hacer dados con el albaricoque y el melocotón (sin hueso, claro).

Para el fuagrás y el parmesano: hacer dados.

Para la rúcula y la lechuga: si la hierba amarga es larga, cortar en pedazos. Preparar la lechuga como si fuera para ensalada.

Emplatado: sobre la alfombra de cruasán, la lechuga y la rúcula y, encima, las frutas, el hígado y el queso, la sal en escamas, la pimienta y el aceite. ¡Venga ese arte en el montaje!

ENSALADA MECANO CON CRUASÁN

GUISANTES CON UN CALDO CLARO DE MEJILLONES

QUÉ

Guisantes
Mejillones
Parte verde de la cebolleta
Vino blanco
Agua
Aceite de oliva
Sal
Pimienta

CÓMO

POR QUÉ

<u>Para los mejillones</u>: en una cazuela, un dedo de agua y vino blanco. Cuando hierva, añadir los mejillones, sal (poca) y pimienta y tapar. Vigilar el recipiente porque lo más importante es que los bivalvos queden jugosos y no gurruños. Separar los cuerpos de los caparazones sin violencia, con respeto. Para más seguridad, colar el caldo por si hubiera arenilla.

    <u>Para los guisantes</u>: cortar la parte verde de la cebolleta en aros y darle un meneo en una sartén con aceite de oliva, saltear con rapidez los guisantes (la operación dependerá del tamaño), salpimentar y añadir el agua de cocción. A punto de hervir, calentar los mejillones en el baño terapéutico. Chimpum, y ya está.

    <u>Emplatado</u>: en un plato hondo, los guisantes debajo, el caldo claro y la corona naranja de mejillones.

No todos los caldos son de largas cocciones: hay, demasiadas veces, una superstición ligada al tiempo, con un borboteo de horas que degrada las proteínas. ¿Cuál es el tiempo adecuado de hervor? Sé que en una olla exprés, una vez el pitorro suena como un tren de vapor entrando en la estación de Carson City, veinte minutos son suficientes.

    El de estos mejillones es un caldo limpio, claro y breve, para que agua/vino se unan a las esencias que dejen los bivalvos liberados del encierro. El dulce de los guisantes, el salteado rápido y el verde flotando en el ambiente salino. Un plato hecho deprisa para una degustación lenta.

COL CON
BEURRE BLANC

QUÉ

POR QUÉ

Hojas de col
Soja
Aceite de oliva
Mantequilla
Cava
Nata de cocina
Pimienta blanca
Cebolla
Sal

Todo mal en la receta: la *beurre blanc* lleva chalota (no tenía en la despensa), vino blanco (no tenía abierto) y los puristas repudian la nata (ayuda a que no se corte), pero el resultado es «todo bien».

Los cocineros clásicos utilizan esta salsa para pescados, aunque creo que es en la col con soja donde encuentran un inesperado acomodo: probé el trío con un ser de espina y lo eliminé de la ecuación. No puedo decir que la receta sea sana, por más que la crucífera sirva de coartada, pero sí que está muy buena.

CÓMO

Para la col: blanquear en agua hirviendo y pasar a agua fría. Cortar y sacar las partes más duras. En una sartén untada con aceite, darle un chorretón de soja y remover. Reservar en caliente.

Para la *beurre blanc*: picar la cebolla y pochar en mantequilla. Salpimentar. Mojar con el cava y dejar que el alcohol diga adiós. Cortar mantequilla en dados y deshacer lentamente, moviendo la sartén fuera del fuego. A ese conjunto graso, más grasa: la nata. Reducir, concentrar y, si quedan restos de cebolla, colar.

Emplatado: a un lado, la col; en el otro, la salsa blanca.

QUÉ

CÓMO

Lomo de atún
Brioche
Grasa de jamón ibérico
Huevo
Hojas de capuchina
Aceite de oliva
Mantequilla
Huevas de lumpo
Pasta de *wasabi*
Soja
Sal
Pimienta

POR QUÉ

Porque viste la mesa de fiesta, porque está muy bueno, porque hay variedad de grasas, impulsoras de sabores. La mayonesa ibérica sirve para otros aliños: ¡dale a la cabeza! Más sugerencias: si cortas láminas de atún (*sashimi*) puedes marinarlo con el aceite de jamón, antes de *mayonesarlo*. Y dos falsedades: la pasta de *wasabi* no está hecha de *wasabi* sino de rábano con colorante verde, y las huevas de *lumpo* ni son caviar ni originalmente negras. Cocina *fake*, claro.

Para la mayonesa: cortar en trocitos la grasa de jamón ibérico (si no tienes, prueba con una loncha de jamón) y mojar con aceite de oliva. Tapar y meter en el microondas un minuto. Dejar que se enfríe. Romper un huevo atemperado (importante), depositar en un vaso de túrmix y añadir el aceite y la grasa. Colocar el brazo recto de la batidora y, a potencia mínima, emulsionar.

Para el tartar: cortar el atún en daditos e ir añadiendo: aceite de oliva, soja, pimienta, pasta de *wasabi*, sal y mayonesa de ibérico. Envolver con esa seda.

Para las hojas de capuchina: enrollar sobre sí mismas y cortar en tiras.

Para las huevas: *flop*. Abrir el bote.

Para el *brioche*: cortar en lingotes y dorar en la sartén con mantequilla. Desengrasar sobre papel de cocina.

Emplatado: sobre el *brioche*, a modo de peana, el tartar; encima, alternando, las huevas negras y la mayonesa de ibéricos; aquí y allá, la capuchina; en todas partes, la pimienta.

TARTAR DE ATÚN, *BRIOCHE*, HUEVAS Y MAYONESA DE GRASA IBÉRICA

CALAMARCITOS CON CREMA DE GARBANZOS Y ALGA NORI

QUÉ

Calamarcitos
Garbanzos hervidos
Ajos
Semillas de comino
Aceite de oliva
Alga nori
Sal
Pimienta

CÓMO

<u>Para el alga nori</u>: pasar por el 1-2-3 y convertir en polvo.

<u>Para los garbanzos</u>: en el vaso de la batidora eléctrica, los garbanzos, agua, un poco de aceite (cuidado con la sal si son de bote), las semillas de comino y la pimienta. Triturar hasta conseguir una crema fina.

<u>Para los ajos y los calamarcitos</u>: laminar y freír. Retirar. En ese mismo aceite, saltear rápidamente los calamarcitos con la llama a tope. Si tienes mucha cantidad, hazlos en dos tandas porque se busca el enérgico golpe de calor.

<u>Emplatado</u>: un círculo de legumbre y sobre la diana, los calamarcitos, los ajos y un chorrito de aceite de oliva crudo. Que nieve alga nori como si fuera ceniza.

POR QUÉ

La combinación molusco-legumbre es ganadora, solo que aquí uno de los dos sirve de alfombra, sometido al otro. No hay combate ni acuerdo, sino rendición.

¿Por qué presentar el alga de esa manera? No solo por estética (que también), sino por integración en el plato. Colocarla entre los cuerpos solo sería un acto decorativo, sin incidir en el gusto. Repartida de este modo es el confeti, aunque oscuro, que alegra la fiesta.

QUÉ

Longueiróns (o navajas)
Grasa de jamón ibérico
Limón
Agua
Aceite de oliva
Aceite de girasol
Sal
Pimienta

POR QUÉ

La primera tentación es decir: «¿*Longueirón*? ¿Eso no es una navaja?». La navaja, como el nombre indica, tiene una forma curva, mientras que el *longueirón* es recto. Para ambos moluscos, parientes cercanos, el tratamiento es el mismo. Grasa (con el aceite) y frescura (con la ralladura) para acompañar en el viaje a estos gallegos.

CÓMO

Para el aceite ibérico: en un bol, grasa de jamón ibérico a dados (o una loncha cortada en pedacitos) y los dos aceites. Tapar y meter en el microondas durante un minuto a máxima potencia.

Para los *longueiróns*: sin quitar la goma que los rodea, colocar el paquete vertical en un cazo con agua y sal para que caigan las impurezas. Dejar, al menos, una hora. Sacar (y quitar la goma: no ayuda a la digestión) y alinear en una plancha muy caliente y engrasada con aceite. Dejar que se abran. Espolvorear agua. Salpimentar.

Emplatado: sobre los *longueiróns*, rallar la piel del limón y pintar con el aceite ibérico. Y que no falte la pimienta.

LONGUEIRÓN
IBÉRICO

BOQUERONES SOBRE HOJA DE HIGUERA (O PAPEL DE HORNO)

QUÉ

Boquerones limpios y fileteados
Aceite de oliva
Albahaca
Cebolleta
Hoja de higuera
Sal
Pimienta

CÓMO

POR QUÉ

Para el aceite de albahaca: en un recipiente para el brazo de túrmix, batir el aceite con la albahaca y la sal.

Para la cebolleta: cortar en juliana, meter un minuto en el microondas y pasar a agua fría. Secar y reservar.

Para los boquerones: sobre hojas de higuera (o sobre papel de horno), los filetes y sal, y pimienta. Grill a tope y meter y sacar.

Emplatado: pasar la hoja de higuera a un plato (o solos, sin higuera ni papel de horno), unas tiras de cebolleta y el aceite de albahaca.

En Málaga, comí unas sardinas en una teja y sobre una hoja de higuera y pensé enseguida en la higuera de la terraza que jamás ha dado un higo, aunque exhibe unas láminas verdes, gruesas y aromáticas. En casa, tuve la urgencia de reproducir ese servicio, ya sin teja y sustituyendo la sardina por un amigo con menos escamas. Entiendo que no estén disponibles las hojas del frutal, así que se pueden sustituir por hojas de papel de horno, que también salen de un árbol. O de lechuga, aunque se perderán sutilezas de sabor y aromas.

El pescado azul y la albahaca casan bien y, realmente, es lo importante del plato: encontrar acuerdos, alianzas, abrazos.

BOLAS DE ESPINACAS Y GOUDA

QUÉ

CÓMO

Hojas de espinacas
Queso gouda
Agua
Aceite de oliva

Para el queso: rallar, y ya está.
Para las espinacas: untar una
sartén con aceite de oliva y, cuando
esté caliente, pasar las espinacas
(si son grandes, trocear) hasta que
reduzcan. Si fuera necesario, unas
gotas de agua. No añadir sal. Dejar
que se enfríen. En un bol grande,
mezclar el queso con las espinacas y
hacer bolas con las manos. Calentar
30 segundos en el microondas.
Emplatado: ¡comer de inmediato!

POR QUÉ

Con las fresas con nata del apartado
postre, son casi antirrecetas, pero con
un gran resultado. Es un plato muy
antiguo en mi repertorio que he vuelto
a hacer. La velocidad y sencillez con la
que se ejecutan son un plus, aunque
lo importante es cómo el punto salado
y cremoso del amarillo encaja con el
amargor del verde.

COSTILLITAS DE CONEJO CON SALSA BARBACOA PICANTE

QUÉ

Costillitas de conejo
Panko
Tomate concentrado
Agua
Miel
Vinagre
Soja
Aceite picante
Aceite de oliva
Sal
Pimienta

CÓMO

POR QUÉ

Para la salsa: en un cazo, sofreír un par de cucharaditas de tomate concentrado y sumar la miel, el vinagre y la soja a la pasta roja (según apetencias, más o menos vinagre, más o menos miel...). Llega el turno del agua, reducir, que espese y un chorrito de aceite picante (según apetencias, más o menos picante, claro). Reservar y enfriar en la nevera.

Para el conejo: salpimentar las costillitas y rebozar en *panko*, y nada más. La humedad de esa astilla con carne hará que se pegue. Freír en aceite infernal y desengrasar sobre papel de cocina

Emplatado: los mini bumeranes y una buena mancha de barbacoa.

Es más largo el nombre que el tiempo de elaboración. Este bocado, admitámoslo, es perverso: ¿a quién se le ocurrió en una sala de despiece dedicar tiempo a las piezas minúsculas, casi de relojero? Ese corte estuvo en El Bulli y hoy es posible encontrar bandejas en cualquier supermercado. Yo lo descubrí hace un millón de año en una masía donde servían bandejas del costillar pigmeo guisado con ajos: acababas agotado de ir chupeteando huesecillos de una tribu conejil al completo ante las miradas impacientes de los compañeros de mesa.

Un rebozado elementalísimo, sin huevo ni harina, solo pan grueso. Y esa salsa barbacoa hecha en casa que puede abrasar o solo hacer cosquillas. Espera, con una costillita en la boca a modo de cigarrillo, la venganza de Bugs Bunny.

QUÉ

Colmenillas frescas
Cebolleta
Nata de cocina
Mantequilla
Fuagrás de pato
Agua
Sal
Pimienta

POR QUÉ

En este libro también tenemos un rinconcito para un plato de cocina clásica. Lo importante para afrontar la sugerencia es tener buena salud, porque la cantidad de grasas que exhibe es alegría de forenses. Superada la mala conciencia, decir que es muy bueno y que es un goce de primavera, y que la colmenilla y el fuagrás se relacionan mejor que una cabeza y un sombrero.

CÓMO

<u>Para la salsa</u>: rallar la cebolleta y sofreír con mantequilla (para reducir la cantidad, añadir aceite de oliva si fuera necesario). Saltear las colmenillas, bien limpias porque suelen tener arenilla. Salpimentar. Para el chup-chup apresurado, un poco de agua. Mojar con la nata y cocinar muy bien el conjunto. Trocear el fuagrás *micuit* de conserva y meterlo en el medio graso donde compadrean todos los ingredientes.

    <u>Emplatado</u>: pasar a un plato en el que las setas luzcan.

COLMENILLAS A LA CREMA

CHIPIRONES
EN ACEITE

QUÉ

Chipirones limpios
Aceite de oliva
Ajos
Guindilla
Sal
Pimienta

CÓMO

Para los ajos y la guindilla: pelar ajos y cortar en láminas. En una cazuela, freír los ajos hasta dorarlos en compañía de la guindilla (o las guindillas).

Para los chipirones: secar, salpimentar y tirar en la cazuela con el aceite muy caliente. Tapar para evitar la pirotecnia de las salpicaduras.

Emplatado: en un recipiente hondo desde el que servir raciones individuales.

POR QUÉ

Por el aceite (en abundancia), por el pan, por rebañar. Imagina la mejor lata de calamares en aceite pero hecha al minuto y con piezas selectas y diminutas (chipirones). Receta resuelta en tiempo récord, el resto es para disfrutarla. Es posible dar más complejidad, también nutritiva: separar una parte y añadir judías de Santa Pau ya cocidas y, al emplatar, cebolleta y rociar con un aceite en crudo con perejil y ajo (pasado por el microondas como la cebolleta para rebajar agresividad).

Vuelvo a la primera línea: aprovisionarse de gran cantidad de pan.

QUÉ

Cigalas
Pebrella
Sal
Pimienta

POR QUÉ

En los trabajos a la sal, se trata de conseguir una costra para preservar los jugos del pescado. Aquí, con cuerpos de menor tamaño, se trata de sazonar, proteger del contacto directo de la sartén y cocinar sin grasas. En la base, *pebrella*, que se puede conseguir en herboristerías, si bien admite cualquier otra hierba seca. ¿Por qué no probar con semillas como la del hinojo?

El agradable contraste ente la dulzona carne del crustáceo y, al chupetear la cabeza, el salino exterior.

CÓMO

<u>Para las cigalas</u>: cubrir una sartén amplia con sal abundante y espolvorear *pebrella* (tomillo pimentera).

A fuego vivo, colocar las cigalas encima de la superficie salina. Espolvorear pimienta. Dar la vuelta para tostar el otro lado. Devolver a la posición original.

<u>Emplatado</u>: con unas pinzas, capturar la presa directamente de la sartén.

CIGALAS A LA SAL

ANCHOA, MANTEQUILLA, *BRIOCHE*

QUÉ

Anchoa en salazón
Mantequilla
Aceite de oliva
Pan de *brioche*
Pimienta

CÓMO	POR QUÉ

Para la anchoa: hurgar en el bote con sal gruesa y rescatar el tesoro. Con cuidado, sacar la espina y separar los filetes. Bajo un chorrito de agua, limpiar, pasando los dedos sobre la superficie marrón. Dejar en un recipiente con agua durante una media hora. Secar bien y llevar a un plato, darle al molinillo de pimienta y aliñar con aceite de oliva.

Para el pan de *brioche*: cortar en rectángulos. En una sartén, deshacer la mantequilla y tostar por todas las caras. Desengrasar sobre papel absorbente.

Emplatado: el pan, encima, la anchoa y unas gotas de aceite.

En Santoña, aún se enlata la anchoa con mantequilla, herencia de aquellos italianos que introdujeron esa conserva a finales del XIX. Esta receta, ¿se la puede llamar receta?, bebe de esa idea, pero *desenlatada*, con la salazón —en este caso de L'Escala— trabajada en casa.

Comprar botes donde el pescadito duerme un sueño de sal gruesa ayuda a acceder a anchoas de buen tamaño sin pagar precios de *broker*. Doble grasa, animal y vegetal, mullida peana dulce con el *brioche* y acentuado toque salino con la cobertura. No recomendable para cardiópatas.

PATÉ DE *LA MAISON*

QUÉ

Butifarra de cerdo
Carne picada de ternera
Papada
Piñones
Perejil fresco
Mejorana seca
Pan de molde
Leche
Pan rallado
Pan tostado
Piparra
Mayonesa
Mostaza
Raifort (raíz de rábano)
Sal
Pimienta
Huevo

CÓMO	POR QUÉ

Para las carnes (1): en un recipiente en el que se pueda trabajar con las manos, 70 % ternera y 30 % butifarra, salpimentar (cuidado: la butifarra ya está aliñada) y mezclar bien. Picar un poco de papada y mezclar con las carnes.

Para el pan de molde: cortar los laterales de una rebanada, romper y dejar en un bol con leche.

Para las carnes (2): ir agregando amiguitos. El perejil picado, la mejorana, el huevo (¡sin cáscara!), los piñones y el pan de molde lechero: trabajar con las manos para pacificar y armonizar el conjunto. Después, poco a poco, el pan rallado hasta conseguir un buen cuerpo. Meter en un molde, apretando bien la carne. Hornear a 180 °C unos 40 minutos. Dejar fuera hasta que se enfríe y pasar a la nevera. Desmoldar antes del servicio.

Emplatado: tostar un buen pan; encima, un corte de tarrina, trocitos de piparra y *raifort* fresco rallado. Para untar, una mezcla de mostaza y mayonesa.

Parece una receta con muchos ingredientes, si bien cinco son opcionales: el *raifort*, la mostaza, la mayonesa, el pan tostado y la piparra. Aunque, qué gusto llevarse a la boca una rebanada de pan de payés caliente y sentir el picorcito del *raifort*, la buena maldad de la piparra y la cremosidad de la mayonesa/mostaza.

Los patés rústicos (y este lo es y mucho, y de ahí la humorada grandilocuente del título) facilitan una buena organización en el caso de que se reciban invitados o para esas cenas frías bajo el signo de la pereza. Las carnes pueden ser tachonadas con múltiples elementos: trufa, setas, frutos secos, fuagrás, espinacas... Y hierbas. En esta propuesta, mejorana, pero podría haber sido tomillo, romero, lo que se quiera, o lo que se tenga a mano, porque, respetando la base, las variaciones solo deben seguir una regla: que armonicen.

ESPÁRRAGOS CON CREMA DE TRUFA NEGRA

QUÉ

POR QUÉ

Espárragos blancos
Agua
Nata de cocina
Pasta de trufa negra
Mantequilla
Sal
Pimienta

CÓMO

Para los espárragos: romper por la base y dar un corte para que no queden deshilachados. Pelar los cuerpos con cuidado (sacar la capa exterior, más dura) y respetar las puntas. En agua con sal, hervir hasta que estén tiernos. Pasar a agua fría.

Para la salsa: en una sartén, calentar la nata de cocina, añadir agua de cocción de los espárragos y reducir. Un par de cucharadas de pasta de trufa y un poco de mantequilla (opcional). Meter el blanco de los espárragos en la salsa moteada.

Emplatado: los espárragos en un plato cubiertos con la nata/trufa.

Como escribí en algún sitio, los espárragos son la flecha que anuncia la primavera. Hay que ceñirse a la temporada y es un alivio porque el ingrediente es como la manecilla del reloj, que indica un tiempo.

Espárragos frescos y locales, lejos de esos de bote que han viajado más que una maleta perdida en un aeropuerto. Los preparo con grasa de jamón ibérico o con salmorejo, aunque la receta que cuento aquí aporta un teñido distinto. No nos engañemos: las pastas de trufa tienen más de lo primero que de lo segundo, con mezclas de setas, patata y una proporción muy baja de *tuber aestivium* y casi nunca de *tuber melanosporum*. Busca las de mejor calidad y sé consciente de la artimaña. Y alerta, porque algunas de las más caras son las que contienen más aditivos.

ENSALADILLA RUSA CON *ALLIOLI* SUAVE

QUÉ

Judías
Zanahorias
Patatas
Huevo
Conserva de gran calidad de
  ventresca de bonito
Conserva de ventresca de bonito
Ajos
Aceite de oliva
Mayonesa
Sal
Pimienta

CÓMO	POR QUÉ

Para el _allioli_ suave: meter los ajos con piel en el microondas o escalivar en el horno. En un recipiente de túrmix, los ajos pelados, el huevo, sal y aceite. Colocar el brazo del túrmix en el fondo y turbinar a la mínima potencia. Cuando comience a emulsionar, levantar poco a poco hasta conseguir una salsa espesa.

Para las verduras (1): pelar las patatas y cortar en dados; lo mismo, las zanahorias, pero sin pelar y sin punta ni culo. Como en la peluquería, cortar también las puntas a las judías, y darle al bies. Meter en una vaporera hasta que estén hechas, pero no deshechas: que mantengan cuerpo.

Para la conserva de gran calidad: separar el aceite de los filetes.

Para la conserva: pasar carne y aceite a un plato y aplastar con un tenedor hasta unirlos. Añadir un par de cucharadas de mayonesa.

Para las verduras (2): depositar en un recipiente amplio, salpimentar y untar con el aceite de la ventresca buena. A por la segunda conserva: que las hortalizas queden bien impregnadas.

Emplatado: en el fondo, el pegajoso cuerpo de las verduras y, encima, la sabana amarilla del _allioli_ suave. En la cumbre, lastas de ventresca buena-buena con pimienta recién molida.

Tengo varias ensaladillas ensayadas: cubierta con una emulsión de ventresca de bonito de lata, con un tartar de atún fresco, con un _tataki_ del mismo animalico. Me he decidido por esta porque da protagonismo a la mayonesa con ajos o _allioli_ suave: ningún problema quien lo quiera preparar sin domesticar la liliácea con el microondas. Allá él o ella con su aliento y la digestión sin fin.

Por lo demás, cumple con la mezcolanza de un platillo de incierto origen ruso, aunque de ganada fama soviética, que nació de la mezcla absurda de elementos, entre ellos, jamón de oso y urogallo, y que gana con la simplificación.

QUÉ

Piñones (pasta)
Cebolla
Tomate
Vi ranci
Cúrcuma
Pimentón
Carpacho ahumado de bacalao
Caldo de pescado
Aceite de oliva
Cebollino
Sal
Pimienta

POR QUÉ

El título es deliberadamente idiota, en busca de una sátira de esos platos llamados «falso *risotto* de...». Y se inspira en una construcción recopiada y que probablemente pertenezca a Alberto Chicote y a su Nodo, iniciada allá por el año 2003 y que he comido, al menos, en cinco restaurantes: arroz de gambas tapado con un velo con la carne del crustáceo. Abaratamos aquí la materia prima, pero no el sabor ni la intención. Se aprovecha la similitud de la pepita (pasta) con la gramínea, aunque es un parecido de visión con dioptrías.

52

CÓMO

<u>Para el caldo de pescado</u>: morralla, pescado de roca, alguna cabeza, espinas, hurgar en el congelador y meter los seres marinos en la olla exprés con agua, cúrcuma y sal, y patata, cebolla y ajos si quieres. Cuando la válvula se vuelva loca, esperar diez minutos y listo (¡pero nunca abras la olla sin que el vapor haya salido!).

<u>Para la pasta</u>: cortar la cebolla en *brunoise* y sofreír. Rallar el tomate (o abrir un bote de triturado o una cucharada de concentrado). Venga, amigo *vi ranci*, lánzate a la cazuela. Rehogar la pasta, salpimentar. Y espolvorear la cúrcuma y el pimentón. Dar unas vueltas más y mojar con el caldo. Si es necesario, añadir más. No tiene que quedar seco ni caldoso, sino meloso. Truco: apagar y tapar cuando aún queda un poco de caldo para que la pasta lo absorba con el último calor.

<u>Para el carpacho y el cebollino</u>: comprar las láminas de bacalao en una tienda de salazones y, a malas, en el súper. Picar el cebollino.

<u>Emplatado</u>: en plato hondo, la pasta, que hay que cubrir con el carpacho. En la superficie blanca, el verde del cebollino.

FALSO ARROZ MELOSO BAJO CUBIERTA DE BACALAO

GARBANZOS CON (TRIPA DE) BACALAO Y ESPINACAS

QUÉ

Garbanzos cocidos
Tripas de bacalao
Espinacas *baby* frescas
Aceite de oliva
Pimienta

CÓMO

Para las tripas: limpiar bajo el grifo el exceso de sal y dejar en agua dos o tres horas (vaciar la *piscina* un par de veces). Limpiar de telillas negras. En una cazuela, hervir la tripa hasta que esté tierna. Reservar ese néctar. Cortar la sábana blanca. Habrá menguado como si hubiera estado en una lavadora.

Para los garbanzos: sofreír las tripas. No salar, sí *pimentar*. Rehogar los garbanzos. Añadir el agua de cocción. Dejar que las legumbres y los interiores de pescado se conozcan bien. Cuando arranque el hervor, esperar un par de minutos y apagar.

Emplatado: servir en un plato hondo y, encima, las espinacas crudas.

POR QUÉ

Partimos de una combinación tradicional de sabores, y cuaresmal, garbanzos/bacalao/espinacas para trabajarla de otra manera. Las espinacas crudas, para mantener la textura, y las vitaminas (por si hay *fans* de la salud en el entorno).

El bacalao, concentrado en sus tripas o callos o, lo que son en realidad, la vejiga natatoria, suelta tanto colágeno que podríamos pegar una viga. Y los garbanzos, sobre cuyos hombros viajarán el verde y el blanco, canicas impregnadas de la película marina.

TORTILLITA DE CAMARONES, ALGAS Y BONITO SECO

QUÉ

Harina de trigo
Harina de garbanzos
Camarones
Cebolleta
Perejil
Alga nori
Alga musgo de Irlanda
Aceite de oliva
Agua
Bonito seco en láminas (*katsuobushi*)
Sal

56

CÓMO

POR QUÉ

Para las tortillitas: picar la cebolleta y el perejil. Con el 1-2-3, convertir en polvo el alga musgo de Irlanda (o una bolsita con popurrí alguero) y trocear la nori. En un recipiente, mezclar muy bien las harinas (al 50%), el polvo de algas, los trozos de nori y la sal. Hola, camarones. Añadir agua fría hasta que espese pero sin que sea una pasta: es vital para la ligereza. Meter en la nevera media hora.

En una sartén muy caliente, depositar una cuchara sopera de la masa-con-cosas. La primera marcará el tono: tranquilo si sale mal. Paciencia, cuando comience a dorar, dar la vuelta. No esperes perfección, una saldrá redonda, otra, irregular, aunque es primordial que no sea una superficie compacta, sino con pequeños ojos u agujeros.

Emplatado: desengrasar, pasar a un plato o a una bandeja y espolvorear con el polvo de alga y con el *katsuobushi* roto con los dedos (no se busca el jueguecito de las láminas que aletean sobre una superficie caliente).

El estilo es gaditano; los camarones, chinos; el bonito, japonés; las algas, gallegas (lo de Irlanda se refiere a una variedad). Plato sin pasaporte, con productos fácilmente adquiribles en una tienda de especialidades asiáticas. No soy de Cádiz, no tengo legitimidad para el plato, pero sí respeto, de manera que salgo de la tradición para que la red crujiente viaje por Galicia, China y Japón.

He comido, en el Puerto de Santa María, mazacotes y ligerezas, discóbolos y cometas: la tortillita más sublime que he probado es la de Ángel León, en la que los camarones parecían sujetados por aire. Finísima, gustosa, quebradiza, una fritura artística y arácnida.

QUÉ

Melocotón
Cebolleta
Lima
Limón
Ají mirasol (u otro pimiento seco/
    picante)
Jengibre fresco (a malas, en polvo)
Agua
Albahaca
Sal
Pimienta blanca

POR QUÉ

El punto de salida es un ceviche, pero llevado al mundo frutal. ¿Por qué no titular con la palabra *ceviche*? Porque soy un turista en culinarias ajenas.

Traslado al plato lo más interesante de la preparación peruana, también mexicana y colombiana y guatemalteca y chilena y panameña..., que es la acidez, la frescura y la moderada picajosidad de la salsa. La fruta es intercambiable, dependiendo de la temporada, pero tiene que ser necesariamente carnosa. El jugo es despertador y realzador de esa chicha que crece en los árboles.

Cebiche, o ceviche, que no es de pescado ni de marisco y que podría aparecer en la última parte del libro como postre sorprendente y reparador.

CÓMO

Para la cebolleta: *chiiiist*, este es un secreto familiar que inventamos hace cuatro días. En casa la llamamos *cebolla al micro* y evita que, después de comerla, pases la tarde con sabor acre en la boca. Cortar en juliana, meterla en un bol y 1,5 minutos en el microondas. Sacar, enfriar con agua. Secar, reservar.

Para el salseo: en un vaso de túrmix, mezclar el jugo de la lima y del limón (o solo de uno de los dos), el jengibre rallado, el ají mirasol en trozos, la sal, la pimienta blanca y el agua (poca). Triturar y colar.

Para el melocotón: pelar, sacar el hueso y trocear. En un recipiente, mezclar con el jugo.

Emplatado: en un plato hondo, la fruta, el jugo, la cebolleta de microondas y unas hojitas de albahaca.

ENSALADA ÁCIDA DE MELOCOTÓN

ALCACHOFAS AL GRILL, TOMILLO Y PARMESANO

QUÉ

CÓMO

Alcachofas
Aceite de oliva
Limón
Ramitas de tomillo fresco
Parmesano
Agua
Sal
Pimienta

Para la alcachofa: sacar las hojas exteriores, esas planchas de armadura, y cortar el corazón en láminas. Darle al grill del horno. Esparcir las láminas sobre un recipiente apto para hornear: salpimentar, aceitar, *chorritar* el limón y aguar un poco, sin encharcar. Y un par de ramitas de tomillo. Sacar cuando la planta herbácea esté dorada.

Emplatado: dejar las lenguas de alcachofa en un plato, mojar con el jugo que hayan dejado tras el horneado, rallar parmesano encima y espolvorear con las hojitas de tomillo.

POR QUÉ

Reivindico el grill para cocciones cortas e insistentes sobre superficies de poco grosor (por ejemplo, filetes de pescado). Cambia, si quieres, el parmesano por otro queso duro, aunque ese derivado de la leche se alía fantásticamente bien con el amargor de la planta. Ah, y el tomillo, el toque herbáceo silvestre y revitalizante.

QUÉ

Sardinas limpias
Ajos
Laurel
Pimentón picante
Aceite de oliva
Sal
Pimienta

POR QUÉ

Es un escabeche distinto, elemental, mínimo, básico, sencillísimo, sin cebolla ni zanahoria. Y protector: cuida de la integridad de la sardina, al punto, sin sobrecocciones ni harinas, y del pimentón, que de esta manera no se quema y libera perfumes. El reposo en el frigorífico permite la integración. Boquerones, caballas (al grill, con la piel arriba, sin girar), pescaditos grasos impregnados de otra grasa, la vegetal del aceite de oliva, y el pellizco del vinagre en el cogote.

CÓMO

Para las sardinas: con cabeza o descabezadas, al gusto del Robespierre que todos llevamos dentro. Bandeja, papel de horno y salpimentadas. Y al grill. Una vez cocinadas, colocar en un recipiente de cristal y espolvorear con el pimentón picante, o que no pique, o con ahumado.

Para el aceite con vinagre: en abundante aceite, freír los ajos con piel y el laurel. Retirar del fuego y añadir el vinagre, más o menos, según tolerancia a la acidez: cuidado con las pequeñas explosiones. Cubrir las sardinas. Dejar reposar un día en la nevera.

Emplatado: o en bandeja. Sardinas, ajo, laurel y el aceite escabechado.

ESCABECHE DIFERENTE DE SARDINAS

JUDÍAS CON ALMEJAS (GUISO AL MOMENTO)

QUÉ

Almejas
Judías cocinadas
Ajos
Perejil
Agua
Aceite de oliva
Piparra
Sal
Pimienta

CÓMO

Para las almejas: purgar muy bien, cubiertas con agua y sal al menos una hora. Laminar ajos y, en una cazuela, freír. Cuando estén fritos, hola, almejas. Salpimentar, tapar, sacudir, destapar, añadir agua, tapar. Rapidito. Las almejas harán ¡flop! y se abrirán. Retirar.

Para las judías: que estén a temperatura ambiente o, incluso, calientes. Volcar en el caldo exprés de almejas y espolvorear perejil picado. Cuando el líquido recupere la temperatura, devolver las almejas y apagar.

Emplatado: el caldo, las judías, las almejas. Y, si tienes a mano, una piparra.

POR QUÉ

Además del sabor y la relación amorosa almeja-judía, la grandeza del plato es la velocidad con la que se prepara (si tienes las judías hervidas, claro). Y la pureza del gusto, con el molusco en plenitud. Un poco de guindilla ayudará al jaleo.

Puedes ser un finolis y, antes de devolver los bivalvos a la cazuela, separar las carnes de las cáscaras y refinar el servicio.

FRICANDÓ DE BERENJENAS

QUÉ

Berenjenas
Cebolla
Harina
Vi ranci
Setas secas
Aceite de oliva
Agua
Sal
Pimienta

# CÓMO	# POR QUÉ

Para las setas secas: buscar en el supermercado un bote: *moixernons* (son los adecuados para el fricandó), *ceps*, popurrí... Normalmente se hidratan. Aquí les daremos un uso distinto. Pasar por el 1-2-3 o por un molinillo de café o por cualquier otra máquina capaz de pulverizar. Reservar los polvos mágicos. ¡No aspirar!

Para las berenjenas: cortar en lonchas, ¿peladas o sin pelar? Pelado, el *filete* pierde consistencia; sin pelar, puede que sea molesto a la hora de comer. Salar y dejar en un escurridor para que expulse agua. Secar, enharinar, darle un toque de pimienta fresca y freír en una cazuela. Retirar y depositar sobre papel absorbente.

Para la cebolla: sofreír en el aceite de las berenjenas. Refrescar con agua y seguir cocinando. Espolvorear con el polvillo setero. Remover bien y, con discreción, llamar al *vi ranci*. Una vez disuelta la agresividad del alcohol, devolver las berenjenas al equipo. Mezclar bien, añadir el agua hasta que las solanáceas estén hechas. Volver a sacar las berenjenas (pobres: ya mareadas). Reducir hasta espesar el jugo.

Emplatado: las berenjenas, otro toque de pimienta y, encima, la salsa ocre y densa.

Ahorraré el bochorno de decir que estas berenjenas saben igual que la carne, lo que es mentira, aunque estén muy buenas.

Hago exactamente igual el fricandó de ternera, con la aportación personal de las setas en polvo en sustitución de los *moixernons* rehidratados que se usan habitualmente: mismo sentido, diferente textura. ¿Potenciador de sabor? Exactamente eso, pero casero y benéfico. Tardas menos que el original —si se le puede llamar así—, es más saludable, todo ventajas. Pero desengañémonos: no sabe a carne, no es carne y qué maravilla que no lo sea.

QUÉ

Lomo de atún fresco
Mayonesa suave
Lata de anchoas
Lata de atún
Alcaparras
Aceite de oliva
Aceite de girasol
Sal
Pimienta

POR QUÉ

Como ya sospecha el lector,
el plato parte del *vitello tonnato*, la
especialidad piamontesa que une mar
(enlatado) y montaña, ternera cubierta
con una salsa con huevo y atún, y un
fulgor de anchoa.

El juego de este entrante frío
consiste en reforzar la idea atunera
y desechar el vacuno, metiendo la pata
también en la crudeza a lo japo. Atún
fresco y atún envasado en singular
y desigual combate, pues el aderezo
tiene más pegada. Pero no
anticipemos resultados. Que cada
luchador se dirija a su lado del ring.

CÓMO

Para el lomo de atún fresco: congelar
para facilitar el corte y darle pasaporte
al anisakis. Sin dejar de descongelar
del todo, cuando el lingote aún esté
duro, sacar cortes finos; lo que un
japonés llamaría *sashimi*; un peruano,
tiradito y nosotros... cortes-finos.
Secar y reservar.

Para la salsa: en un vaso de triturar,
la mayonesa, las alcaparras, el aceite
de girasol y el aceite de las latas, el
atún y un par o tres de anchoas. Si el
aceite latero queda corto, un poco del
de oliva.

Emplatado: colocar
primorosamente la alfombrilla de atún,
salpimentar (poca sal: el empasto ya
lleva gracias al chute anchoero)
y repartir la salsa oscura.

TONNO TONNATO

CABALLA A LA LLAMA Y PATATAS ALIÑADAS

QUÉ

CÓMO

Filetes de caballa
Patatas
Sal gruesa
Pimentón ahumado
Limón
Vinagre
Cebolleta
Perejil
Aceite de oliva
Sal
Pimienta

POR QUÉ

El soplete es un instrumento útil para las cocciones rápidas de filetes de pescado. Como alternativa, hacer al grill con la piel hacia arriba, ¡vigilando!, porque se trata de que la carne quede en ese limbo entre crudo y cocinado.

A partir de las gaditanas *papas aliñás*, el uso de un pescado azul fresco en lugar del de conserva. Por separado, pescado y tubérculo ya tienen interés, juntos son invencibles, con superpoderes nutritivos. Cómo con tan poco puede una patata lucirse tanto.

Para la caballa: recortar los laterales y extender el pimentón ahumado por la parte de la carne. Cubrir con sal gruesa y dejar una media hora bajo esa protección saborizante. Limpiar bien de sal y, ahora que el cuerpo estará más rígido, sacar la película que tiene sobre la piel. Sopletear ambas caras. Pintar con aceite y reservar.

Para las patatas: poner a hervir sin sacar la piel. Cuando estén hechas, pelar sin quemarse. Uf-uf-uf, ¡los dedos! En un recipiente amplio para poder remover bien, aliñar con unas gotas de limón, vinagre, cebolleta picada (si las quieres domesticadas, ya sabes, microondas), perejil desmenuzado, aceite, sal y pimienta.

Emplatado: una ración de las patatas y, encima, la caballa a la llama. Y chorrito de aceite de oliva.

QUÉ

Almejas
Cebolla
Ajos
Tomate
Vinagre de Módena
Guindilla
Aceite de oliva
Sal
Pimienta

POR QUÉ

Celebración de la vida, etcétera. Comer con los dedos, sorber, ¿hacer ruido mientras se está en trance chupador y con los ojos cerrados o contener la euforia y ser educado entre manteles?

Como pasa con los perros, el vinagre de Módena no tiene la culpa, sino sus dueños. Usado con responsabilidad es un realzador; con abuso, en concreto, las cremas, un chapapote.

CÓMO

Para las almejas: un recipiente con agua y sal para purgarlas y que, de tenerla, suelten la arenilla.

Para el sofrito: en una cacerola, sofreír la cebolla cortada en juliana y los ajos, en *brunoise*. Hola, soy la guindilla y vengo a molestar. Rápidamente el tomate, natural si estamos en temporada; de conserva, en los meses fríos. Un goteo de vinagre de Módena: poco y de gran calidad. Agua, sal y pimienta y que haya alegría y cocina. Cuando haya reducido, las almejas limpias; subir fuego, tapar y dejar que se abran. Plaf: apagar el fuego enseguida. Queremos carne viva, no difunta sequedad.

Emplatado: sin secretos. Pan y servilleta, porque habrá dedos sucios.

ALMEJAS ALEGRES CON SOFRITO

CALLOS DE PULPO

QUÉ

Cabeza y pata de pulpo hervidas
Cebolla
Ajos
Tomate
Pimentón
Pimentón picante
Chorizo
Garbanzos cocidos
Laurel
Agua
Aceite de oliva
Sal
Pimienta

CÓMO

Para el sofrito: cortar la cebolla en juliana, trocear los ajos y pochar en una cazuela con un par de hojas de laurel. Cortar los tentáculos y la cabeza de forma irregular para simular los callos y añadir al guiso. Salpimentar. Rehogar con chorizo a rodajas, tomate y los dos pimentones. Añadir agua y concentrar.

Para los garbanzos: cuando el pulpo esté tierno, llamar a los garbanzos para que se unan al pequeño infierno.

Emplatado: en plato hondo, los callos marineros.

POR QUÉ

Parece obvio: en lugar de interiores de vacuno o de cerdo, exteriores de pulpo, más amables para paladares impresionables. Es un juego con sorpresa en la boca: gracias al guiso, al chorizo y al tomate aparecen similitudes gustativas con el original. El manejo del picante, y sus benéficos sudores, es a discreción del cocinero: permite el añadido de una guindilla al chup-chup o de una chacina ardiente.

La bola extra, que sigue en el registro de lo popular y transformable, es preparar unos torreznos. Los comí en el restaurante Suculent de Toni Romero y es de una satisfactoria sencillez: cortar la cabeza a pedazos, enharinarlos y freírlos. Iconos de la barra de bar con ese invertebrado del que, verdaderamente, se come todo.

TIRABEQUES CON EMULSIÓN DE ANCHOAS

QUÉ

Tirabeques
Lata de anchoas
Aceite de oliva
Pan de molde
Ajo en polvo
Hierbas secas

CÓMO

Para los tirabeques: los prepararemos al vapor para que estén crujientes. Hay que preservar esa textura que los hace excepcionales. Sacar el hilillo que los recorre, más molesto que la seda dental. Corta al bies, o como te dé la gana. Importante: no usar sal porque esta receta lleva anchoas.

Opción A): vaporera de silicona, tirabeques, chorro de aceite y microondas. «No tengo vaporera de silicona». Opción B): vaporera de metal/bambú, tirabeques, chorro de aceite y llama de gas. «No tengo vaporera de metal. ¡Y menos de bambú!». Vale: hay solución para todo. Opción C): sartén, tirabeques, chorro de aceite, gotas de agua y una tapa para generar vapor. Si no dispones de nada de eso, abre un bote de fabada y no sigas leyendo.

Para la emulsión de anchoas: usar el aceite de la lata para deshacer las anchoas con la ayuda de un túrmix. Si es necesario, añadir poco a poco aceite de oliva. Triturar a pocas revoluciones.

Para el pan de molde: cortar en cuadraditos y saltear en la sartén con un poco de aceite. No hay que pasarse: que no queden grasientos. Espolvorear con ajo en polvo y hierbas aromáticas. Dorar bien. Es el momento de usar esos botes de hierbas provenzales que se perpetúan en las alacenas. «¿Y si solo tengo orégano?». Pues dale al orégano.

Emplatado: una base de tirabeques, dados de pan de molde y salsa de anchoas para unir el conjunto.

POR QUÉ

La combinación nace de una visita al restaurante Grat, en Sabadell. El tirabeque es o debería ser de temporada. Lo digo porque siempre es temporada de algo en algún punto del planeta y los ingredientes llegan fuera de tiempo o a destiempo, desterrados y sin identidad. Mejor ceñirse a la temporada local, a sacar la cabeza por la ventana y ver qué tiempo hace.

En Grat, el cocinero Xavier Mendia los aliñó con mantequilla negra y botarga. Me pareció una gran idea que sacara a la vaina de la rutina verdulera y usase esa mantequilla que tan bien le va a la raya. El dulce del tirabeque, el salado de la anchoa, el pan con ajo como complemento. El *crunch* festivo en la boca.

ENSALADA CÉSAR (SIN AVE)

QUÉ

Lechuga
Lata de anchoas
Parmesano rallado
Mostaza
Mayonesa
Perrins
Pan de molde
Ajo en polvo
Aceite de oliva

CÓMO

Para la lechuga: separar las hojas más estupendas. Esta es una ensalada de mano. En cada bocado, te comes entero a César. Después veremos quién es el tal César con nombre imperial.

Para la lata: cortar las anchoas y reservar el aceite. Hasta aquí, más sencillo que un puzle de una pieza. ¡Si hasta la lata es abrefácil!

Para la salsa: apartado con truco. En un bote, la mayonesa, la mostaza, la Perrins y el aceite de la lata. Tapar y agitar. ¡Mambo! Una salsa emulsionada en un santiamén.

Para el pan de molde: cortar en dados, espolvorear con el ajo, saltear en aceite. Si no tienes el bulbo en polvo, sofríe un ajo y, en ese aceite, tuesta el pan.

Emplatado: sobre cada hoja de lechuga reparte los trozos de anchoa, el pan tostado y la salsa por encima. Termina con el parmesano rallado.

POR QUÉ

César, al menos, en la versión *original* recogida por la investigadora Diana Kennedy, no lleva ave. Perdón por el chiste: pollo. Ni mostaza ni mayonesa. Sí que tiene anchoa, parmesano, aceite, salsa Worcestershire (Perrins), ajo, pan, jugo de limón y huevo (no uso ni uno ni otro, ni tampoco sal). Y la lechuga adecuada es la romana (orejona), aunque para esta receta he empleado la maravilla, que era la que tenía a mano. Amigas y amigos: si os falta algún ingrediente, sustituidlo por otro. O por nada. Esta es una idea que hay modelar al gusto.

La César es famosa por los supermercados, tal vez la ensalada más célebre del mundo. Por desgracia, si no fuera por la cuarta gama, muchos jóvenes no la conocerían. Con lo fácil que es de armar, ¿por qué no prepararla al momento?

Pregunta de Quiz: ¿dónde se creó? En el restaurante Caesar's, en Tijuana, México. Plato fronterizo, por tanto, batiburrillo. Año: 1924, 1925 o 1926. Autor, ¿o autores? Dudas sobre la paternidad entre los cocineros (e inmigrantes) César Cardini, Álex Cardini y Livio Santini. Si no queda claro quién la hizo ni siquiera el año, ¿por qué no aceptar la bastardía de las versiones? En mi propuesta, la anchoa está troceada y el rico aceite de la lata forma parte de la salsa. Combino los elementos a mi forma. Otro día pondré el parmesano en dados. Añade pollo si así lo deseas.

QUÉ

Aguacate
Cilantro
Lima
Hierbas aromáticas (albahaca,
    menta, capuchina, cebollino: todas
    o algunas)
Cebolleta
Sal
Aceite de oliva

CÓMO

Para el aguacate: saca la piel de armadillo y ese hueso que ocupa tanto espacio. Pica con un cuchillo de forma basta. Pásalo a un recipiente amplio y acaba de machacarlo con tenedor.

Para el aliño: pica finamente la cebolleta, y lo mismo con el cilantro (si eres cilantrofóbico, sustitúyelo por otra aromática, tal vez albahaca). Añádelos al bol del aguacate. Aceite, sal y el jugo de la lima y mezcla todo bien.

Emplatado: pasa el guacamole a un plato bonito y cúbrelo con las hojas aromáticas que tengas.

POR QUÉ

El guacamole es un icono universal de la cocina mexicana. Plato más beneficioso que una sesión de aerobic con los vídeos ochenteros de Jane Fonda. Al parecer, el aguacate sana con mayor eficacia que el agua de Lourdes. Esta versión es mansa porque no lleva picante: siempre estamos a tiempo de añadir unos chiles o tabasco y salir a bailar (en el comedor).

Canarias y Andalucía producen unos frutos de primera. Existe un *lobby* mundial que lo promociona con una insistencia agotadora y hay un discurso político-social sobre el impacto negativo de su cultivo, y entre esas dos tensiones, este plato con cubierta de hojas.

Plantéate la receta como una ensalada y hazla crecer. Puedes, incluso, montar una ensalada de mano: rellena una hoja de lechuga con la pasta verde y corónala con tomate, lechuga y el resto de ingredientes ensaladeros. ¿Acaso no serían unos tacos vegetarianos?

GUACAMOLE
CON HIERBAS

LATA DE ALMEJAS FRESCAS Y PICANTES

QUÉ

Almejas
Agua
Ajos
Guindilla
Perejil
Harina
Aceite de oliva
Sal
Pimienta

CÓMO	POR QUÉ

Para las almejas: asegurarse de que no tienen arena. Una o dos horas antes, purgar con agua y sal. Dicen que el agua con burbujas va bien. ¿Tienen gases los moluscos? (podría ser el título de una novela posmoderna).

Para los ajos, la guindilla y el perejil: trinchar las liliáceas, las hojas verdes y una puntita de guindilla. Oye, si quieres toser a gusto, echa un par de explosivos. En una cazuela, sofreír los ajos y la guindilla con el aceite. Cuando estén dorados, tostar la harina. De inmediato, un poco de agua (que puedes sustituir por vino blanco). Hora de meter las almejas, la pimienta y el perejil espolvoreado, y un poco de sal. Sube el fuego, tapa y, en un plis plas, se habrán abierto. No te descuides en este paso: tienen que quedar jugosas. No falles porque será como comer piedrecitas.

Emplatado: con un colador, separa las almejas del caldo y sácalas de las conchas. ¡No te quemes! Ordénalas en una lata y baña con el jugo. Si te gusta espeso, deja reducir. Pon la guindilla como señal de advertencia.

Este plato es un juego, así que los enfurruñados pueden desfilar. ¡Harto de los predicadores! La gracia es haber guardado una lata de berberechos o similar de un vermut para darle un uso enredador y servir almejas frescas como si fueran enlatadas. Quien no quiera reciclar puede comprarlas nuevas en un establecimiento especializado en menaje. ¿Pasa algo? ¿Acaso la lata no merece estar entre los platos de la vajilla buena? Ni que comierais en porcelana de Rosenthal. Reparte cucharillas: el caldo picantito te hará volar.

Durante el confinamiento del 2020, Ferran Adrià publicó un vídeo un poco lioso sobre el uso de mejillones en conserva y otros acabados de hervir. De lo que iba aquello era de cómo dar otra vida al escabeche latero: los habituales cascarrabias se burlaron de que algo tan simple tuviera valor. Lo cierto es que Adrià falló en el mensaje. El cuñadismo no comprendió la gracia ni el sentido.

Si te parece un rollo sacar las carnes de las valvas o vas a ser abucheado, pasa de la conserva, lleva la cazuela con las almejas a la mesa y no des la lata. A ver si el familiar plasta, en un descuido, se come la guindilla.

ENSALADA WALDORF CON YOGUR

QUÉ

Manzanas Fuji
Lechugas
Rama de apio
Nueces
Yogur griego
Aceite de oliva
Sal
Pimienta

CÓMO

Para las manzanas: limpiar y cortar gajos con el cuchillo, conservando la piel.

Para las lechugas: mezclar varias, hoja de roble y mantecosa o trocadero. Cortar a mano como un buen salvaje.

Para las nueces: partir por la mitad. Es como abrir cerebros.

Para el apio: elegir una rama tierna y hacerla pedacitos. El olor característico perfora la nariz.

Para la salsa: mezclar el yogur griego con aceite, pimienta y sal. Conseguir una salsa fluida como una crema de belleza.

Emplatado: colocar en la base las lechugas; encima las manzanas y su fulgor en rojo; repartir el apio y las nueces, sal, pimienta y aceite de oliva. Salsear con el yogur enriquecido.

POR QUÉ

La ensalada Waldorf es uno de los (contados) platos realmente universales, platos con apellido que tanto pueden aparecer en un aeropuerto, en un súper o en un restaurante engreído.

La original fue creada por Oscar Tschirky, *maître* del Waldorf-Astoria cuando el mejor hotel de Nueva York ocupaba el espacio donde hoy se yergue el Empire State Building. Las autorías siempre son discutibles: Oscar la publicó en un libro en 1896, sin aclarar la participación del chef ejecutivo de la casa, Edouard Beauchamp.

En el recetario de Oscar, solo tres líneas: pelar y cortar dos manzanas, apio y añadir mayonesa. ¡Y ya está! Manzana-apio-mayonesa, y tira-que-te-vas. Un milagro su triunfo, solo comprensible por la influencia del hotel y sus clientes.

Seguro que habrás encontrado una Waldorf con nueces y con un porrón de cosas más. La nuez acostumbra a estar presente en la ensalada —hay que usar más frutos secos— y hoy forma parte de los ingredientes de la Waldorf que sirven en el Hotel Waldorf de Nueva York que se parece muy poco a la Waldorf original.

En la versión de este libro, la mayonesa ha sido sustituida por el yogur. Y la lechuga sirve de cojín y ampliación de tan pobre convocatoria: manzana-apio-mayonesa.

PARA SEGUIR

Bonito confitado con tomate con tríceps

—

Gambas, *suquet* y huevo abuñuelado

—

Picantón al vermut

—

Cazuela de sepia, butifarra y patata

—

Guante de calamar relleno de butifarra

—

Tallarines con ragú de pulpo

—

Huevo, patatas fritas y tartar de atún picante

—

Cazuela de calamarcitos, butifarra, patata e hinojo

—

Carrilleras con salsa de fricandó

—

Romesco de garbanzos y brócoli

—

Un pollo entero al horno

—

Filamentos de raya, ajos y guindilla (no me «rayes»)

—

Escudella vegetariana con albóndigas de garbanzos

—

Calamares a la carbonara

—

Lentejas con butifarra tuneada

—

Guisantes con calamarcitos y tomate

—

Mucho morro

—

Suquet de dorada

—

Garbanzos con sardina ahumada y aceite de albahaca

—

Tallarines con chipirones encebollados

—

Patata con máscara y huevo

—

Coca de sardinillas, mejorana y pimientos

—

Curri de coliflor (y picada)

—

Garbanzos con tellinas (2 platos en 1)

—

«Esto no es un pollo, general Tso»

—

Conejo con sepia y tomate (y poliamor)

—

Xulla al forn

—

Bikini de sobrasada, miel y queso

—

Coliflor a lo José Andrés con salsa barbacoa

Bocadillo de caballa con rollo

—

Cazuela de fideos, potas y morro

—

Arroz verde

—

Arroz de costilla y *ceps*

—

Arroz de conejo y caracoles

—

Arroz frito con hortalizas

—

Muslos de pollo con galeras

—

Carbonara de *perol*

—

Caballa envinagrada y berenjena especiada

—

Gallo & patatas

—

Presa adobada y calabaza con mandarina: todo al naranja

—

Fideos con bonito como un marmitako

—

Suquet frío de boquerones

—

Espaguetis con sardinillas de lata

—

Calamar enrollado

—

Carrilleras con chocolate y sésamo

—

Albóndigas (con prisa) al curri rojo

—

Bacalao al pilpil en un círculo de garbanzos

—

Cabracho frito

—

Costilla de cerdo con curri y hierbas al horno

—

Oriental burger

—

Pulpitos con cebolla y patata

—

Lenguado de microondas a la mantequilla

—

Sándwich de tartar de entrecot

—

Pilota sobre judías blancas cremosas

—

Espaguetis bonitos con bombón de tomate

—

Llorito, espina y arroz crujiente

—

La *fideuà* de casa

—

Espalda de cordero al horno (y su taco)

—

Trinxat de la costa

—

Albóndigas de gambas o gambas con albóndigas

—

BONITO CONFITADO CON TOMATE CON TRÍCEPS

QUÉ

Lomos de bonito
Aceite de oliva
Ajos
Hojas de laurel
Tomate fresco (o triturado de
    conserva)
Tomate seco
Tomate concentrado
Soja
Perrins
Sriracha
Sal
Bolas de pimienta

CÓMO

POR QUÉ

<u>Para el bonito</u>: colocar los lomos, y su pellizco de sal, ajustados en un cazo con el aceite, los ajos al puñetazo (abiertos de un golpe), las bolas de pimienta y las hojas de laurel. Cocinar a fuego bajo. Cuando cambie de color (atención al momento porque se busca que queden jugosos), apagar, sacar del fuego y dar la vuelta a la pieza. Dejar enfriar. Se puede preparar de un día para otro.

<u>Para el tomate</u>: primer paso, y con anticipación, hidratar el tomate seco. En una cazuela, y con el aceite del confitado, sofreír el tomate seco y cortado a trocitos, el recién rallado (o de conserva) y el concentrado. Salpimentar y añadir el agua de hidratar. Seguir cocinando con la paciencia de los monjes budistas. Añadir más agua si es necesario. Apagar y, fuera del fuego, aliñar con la soja y las salsas Perrins y *sriracha*, u otra con guindillosa perversión. Si no te va el picante, no muevas el sonajero de la *sriracha*.

<u>Emplatado</u>: Debajo, lo bonito con el aceite del confitado; encima, el rojo. Y si lo montas al revés, el resultado es el mismo.

Donde dice bonito, podría decir atún. El origen está en una ventresca de atún a la sal cubierta con tomate que comí en el Glass Mar de Madrid, entonces bajo la dirección de Ángel León, y que me volvió tarumba.

Ya tenía en mi repertorio doméstico un tartar de tomate hecho con el triplete, o tríceps, fresco/seco/ concentrado y las salsas (que en sí mismo es un entrante), así que pensé en la afabilidad de un confitado para completarlo. Conserva fresca, lo que es un oxímoron, puedes destinarla a otras preparaciones y dar carisma y temperamento a una ensalada triste.

Permite el consumo caliente, tibio o frío, según preferencias, calores o planificaciones, y disfrutar de la musculosa potencia tomatera.

GAMBAS, *SUQUET* Y HUEVO ABUÑUELADO

QUÉ

Gambas majas
Huevos
Patatas
Perejil
Vermut
Ajos
Cebolla
Laurel
Harina
Aceite de oliva
Cristales de sal
Sal
Pimienta

CÓMO

Para las gambas al ajillo: la misma receta que al comienzo del recetario. Con la cantidad de aceite para tres preparaciones más. Reservar las cabezas y las cáscaras, y separar las patitas.

Para el *suquet*: con aceite de ajillo, sofreír ajos sin pelar, las cáscaras y las cabezas salpimentadas. Añadir el vermut para arrastrar y concentrar los jugos. Una bienvenida a la ramita de perejil y a las hojas de laurel. Freír un par de cucharaditas de harina. Cubrir con agua y dejar hervir hasta que reduzca. Colar, apretar bien lo sólido para sacar jugos. Reservar en caliente.

Para las patatas: cortar en cuadrados, freír, desengrasar, salar y reservar en caliente.

Para las patitas de las gambas: enharinar y freír. Desengrasar.

Para el perejil: cortar, *chac chac chac*.

Para los huevos: romper el huevo y dejarlo en un bol con su pellizco de sal. Que no salga la yema al verterlo en la sartén. Freír en el aceite del ajillo. Con una cuchara ir tirando aceite caliente sobre la clara *abuñuelándola*.

Emplatado: en la base, el *suquet*; a un lado, las patatas fritas; en el otro, el huevo. Encima, las gambas, con un par de cristales de sal, las patitas y los ajos fritos y el perejil, y aceite al ajillo. Romper el buñuelo y salsear con la yema. Se recomienda cuchara.

POR QUÉ

Esta receta bebe de muchas, la principal, la de un bogavante con huevo que comí en el Hotel Finca Cortesín cocinado por Lutz Bösing, que, a su vez, se inspiró en unas gambas al ajillo, idea primigenia que recupero. Y también tiene que ver con un *suquet* (que tradicionalmente se espesa con el almidón de la patata, aunque aquí aparece frita, por lo que añado harina al jugo: el *suquet* también podría llevar tubérculo, aplastado después para la función condensadora), con unos huevos con patatas, con la langosta/huevos/patatas de los ricos o aparentadores de vacaciones en Mallorca.

Compramos gambas enormes, de unos 80 gramos, caras, pero también se puede construir con crustáceos de mediano tamaño. O aventurarse con *suquets* diferentes y aderezar las laderas de clara de huevo con un lomo de pescado. El goce máximo de la cucharada con yema-patata-*suquet*.

QUÉ

Picantón
Vermut
Aceite de oliva
Laurel seco
Tomillo fresco
Romero fresco
Cabeza de ajo
Huevo
Sal
Pimienta

POR QUÉ

Esta es una de las muchas versiones o posibilidades: también se puede untar con una mezcla de soja y miel, con jarabe de arce y soja, con hierbas secas de la Provenza, con ese aliño de barbacoa que muere de tristeza en la alacena, rellenar con una *pilota* de carne trufada...

El de la foto es un picantón de Juneda, Lleida, con gran fama, carnes blancas y opulentas. Asar una pieza, aunque sea pequeña y manejable, transmite grandeza y victoria.

CÓMO

Para el picantón: mezclar el vermut con aceite en un pequeño reciente y, un par de horas antes, pintar el pollito completamente, incluido interiores, y salpimentar. A punto de meter en el horno, rellenar con el laurel, el tomillo y el romero. En una bandeja de cristal o metal, llevar hasta la boca ardiente (200 °C) apoyado en los muslos, sin agua. A lado, la cabeza de ajos. Estará unos 45 minutos: durante ese tiempo dar dos vueltas, hasta regresar a la posición original. Si se quiere la piel más tostada, subir a 220 °C los últimos minutos.

Para la mayonesa: *allioli* suave o mayonesa con alegría. En un vaso de batidora, la pulpa de dos o tres ajos horneados, sal, un huevo y aceite de oliva. Colocar el brazo al fondo y darle a la hélice a mínima velocidad. Ir subiendo suavemente hasta que emulsione.

Emplatado: partir en dos mitades y sacar las aromáticas. Medio picantón y salsa abundante.

PICANTÓN
AL VERMUT

CAZUELA DE SEPIA, BUTIFARRA Y PATATA

QUÉ

Sepia (con el bazo)
Patatas
Butifarra
Cebolleta
Tomate
Pimentón
Vermut
Aceite de oliva
Agua
Pimientitos
Sal
Pimienta

CÓMO

Para la cazuela (en este orden): pelar, chascar, salpimentar y saltear las patatas en la cazuela con aceite de oliva. De inmediato, la cebolleta en trozos. Venga: la sepia y las patas cortadas; y, muy importante, reservar el bazo que, amablemente, habrán separado en la pescadería. Un par o tres de cucharadas de tomate; si es concentrado, con una, suficiente. Pimentón y remover rápido para que no se queme; y, *yee-haw*, aparece el vermut en auxilio. Dejar evaporar el alcohol y que quede lo dulce-amargo. Abrir con cuidado el bazo y soltar parte de esa sustancia: alerta con la dosis, es un derrame de sabor profundo y marino, abisal. Sacar la piel de la butifarra, hacer pelotillas, añadir y sofreír rápidamente. Agua, ¡agua! Dejar que *chupchupee*. Al final, romper alguna patata para engordar el caldo.

Para los pimientitos: freír en aceite muy caliente. Desengrasar y salar.

Emplatado: plato hondo, con el caldo, la butifarra, la sepia y las patatas. Y los pimientitos, encima.

POR QUÉ

El meollo de esta preparación es el bazo, la *melsa*, una esencia marrón de aspecto poco apetecible pero que es un reservorio de sabor. A veces, pedimos una limpieza tan a fondo del género en carnicerías y pescaderías que despreciamos pieles, cartílagos e interiores que pueden abandonar su vida secreta y sacar a la luz texturas y gustos inéditos. Cremoso e inquietante, hay que dosificar el interior del saco porque es un legítimo potenciador de sabor.

El resto no tiene demasiado comentario: mar y montaña, guiso, *suquet, catxoflino*, seres de diferentes reinos compartiendo un lugar común.

QUÉ

Calamar grande
Butifarra
Cansalada
Vino blanco
Agua
Aceite de oliva
Sal
Pimienta

POR QUÉ

Simplificación de una comida popular gracias a una carne-ya-preparada como es la butifarra, de la que también pueden salir albóndigas exprés. Y con horno en lugar de guiso, lo que permite una mayor despreocupación. La *cansalada* añade untuosidad y las patitas, coherencia y antropofagia, como si el molusco se comiera a sí mismo.

Se recomienda aprovechar el calor del horno para completar la bandeja de cristal con unos ajos y unos tomates, y ya fuera, con la colaboración de la *nyora*, el pimentón picante, el aceite de oliva, el vinagre y las avellanas y el pan tostado, montar un romesco picante para que el guante encaje del todo.

CÓMO

<u>Para el calamar</u>: pedir en la pescadería que le den la vuelta como a un guante: ya lo entenderán. La mayor parte del trabajo estará hecho porque es una receta más simplona que plegar una servilleta. Picar las patas y la *cansalada* y mezclar con la butifarra sin piel. Desmontar una tubería de cerdo para construir otra más compleja y sólida. Rellenar el guante con esa carne y pinchar el extremo con un palillo. Recordar sacar la astilla o te encontrarás con un inesperado *piercing* en la lengua.

En un recipiente de cristal para horno, el calamar henchido, y salpimentado, vino blanco y agua (que no cubra, solo en la base). Depende del tamaño del bicho, una media hora o 45 minutos a 200 ºC, arriba y abajo.

<u>Para la salsa</u>: con aceite de oliva, desglasar el fondo del recipiente.

<u>Emplatado</u>: cortar el calamar a rodajas, enseñar el suculento y prieto interior, y salsear con los jugos.

GUANTE DE CALAMAR RELLENO DE BUTIFARRA

TALLARINES CON RAGÚ DE PULPO

QUÉ

Tallarines
Tentáculos de pulpo
Zanahoria
Cebolla
Calabacín
Ajo
Pimiento verde
Berenjena
Tomate concentrado
Vino tinto
Aceite de oliva
Sal
Pimienta

CÓMO

POR QUÉ

Para el pulpo: comprar cocido. Hasta aquí, la parte sencilla. Lo siguiente tampoco será complicado, pero requiere de atención. Vale: sí que hay un trabajillo. Dar al cuchillo y hacer rodajas.

Para la pasta: una olla grande con agua. Al hervir, añadir la pasta. Y sal.

Para las verduras: cortar en *brunoise*, es decir, en daditos. Es más entretenido que jugar a la Play. La lista de hortalizas no es estática. La propuesta solo es una aproximación. Usa los vegetales que tengas. Rehogar en aceite de oliva. Añadir sal y pimienta. En el banquillo, el pulpo. Sale a jugar. Mezclar bien el bicho con las verduras, que se enamoren. Es la hora del tomate concentrado: un par de cucharadas. Sé prudente con el concentrado porque se expande más que el virus. Llega el turno del vino. Un chorretón y dejar evaporar. Añadir el agua de la cocción hasta que el pulpo esté blando. Último paso: convocar a la pasta y pasarla a la cazuela donde están los otros elementos. Que unos y otros se contagien e impregnen bien.

Emplatado: en un plato, a poder ser, hondo. Si rallas parmesano encima vendrá un italiano y te tirará de las orejas. La pasta con pescado (en este caso, cefalópodo) no lleva queso. Dale de nuevo al molinillo. La pimienta alegra el día.

Ragú de pulpo para alejarnos del ragú de carne. Dale la mano o la patita al pulpo. ¿Es apropiacionismo? Este plato nace de un viaje a Palermo y de una cena veraniega en la Osteria dei Vespri, donde nos sirvieron *anelletti* con *ragù di polpo*. La plaza desierta y recién regada para aliviar el calor volcánico. Los *anelletti* me engancharon. Esta receta con tentáculo es un modo de atrapar aquella noche —un recuerdo— que se fue.

QUÉ

CÓMO

Huevo
Patatas
Lomo de atún
Cebolleta
Aceite de oliva
Aceite de sésamo
Sriracha
Pimentón picante
Soja
Sal
Pimienta

Para el atún: cortar a dados (lo recomendable es congelar la pieza para darle candela al anisakis; después, también facilitará el corte) y dejar en un recipiente amplio. Ir añadiendo al gusto y con mesura, porque siempre se estará a tiempo de rectificar: aceite de oliva, aceite de sésamo, *sriracha*, soja (y sal si no te gusta subidito de la leguminosa fermentada), pimentón picante, pimienta negra y cebolleta picada. Que brille el atún.

Para las patatas: pelar, cortar en dados y freír. Desengrasar, salar y reservar en caliente.

Para el huevo: romper en un bol, salpimentar, dejar caer con cuidado en una sartén con aceite caliente. Con una cuchara, ir tirando aceite sobre la clara para que cubra la yema en busca del *abuñuelamiento*. De no salir el buñuelo, fríe el huevo y ya está.

Emplatado: en un bol, las patatas a un lado; en el otro, el atún; encima, el huevo frito (deja un momento en un plato para que no esté tan caliente que cocine y *amarrone* el túnido). Antes de comer, admirar y relamerse, romper la yema y la clara con unas tijeras y mezclar con cuidado.

POR QUÉ

Este plato forma parte del recetario familiar porque repetimos a menudo: sería como la sublimación del plato combinado, un número uno de campanillas. El *propietario* es Ricardo Sanz, el cocinero que combinó lo local con el corte y la estética extranjera hasta llegar a lo japo-cañí, autor de clásicos modernos como la ventresca de atún con *pa amb tomàquet*.

Modular el picante al gusto, entre el cosquilleo de labios y el ¡por Dios, quiero arrancármelos! Como se ha dicho a menudo, la yema es la mejor salsa. ¡Sale un combinado de atún-huevo-pa-ta-tasss!

HUEVO, PATATAS FRITAS Y TARTAR DE ATÚN PICANTE

CAZUELA DE CALAMARCITOS, BUTIFARRA, PATATA E HINOJO

QUÉ

POR QUÉ

Calamarcitos
Butifarra
Patata
Romero
Hinojo (flor y tallos)
Ajo
Cebolleta
Aceite de oliva
Vi ranci
Agua
Sal
Pimienta

CÓMO

Para la cazuela: en aceite, cocinar la cebolleta en juliana y los ajos a láminas. Hola, calamares limpios. Hola, patata pelada y a gruesas láminas. Hola, sal y pimienta. Hola, butifarra sin piel y troceada. Hola, romero despeinado (reservar algunas puntas). Hola, tallos de hinojo (reservar algunos). Hola, *vi ranci*. Hola, agua. Hola, alegre borboteo.

Emplatado: repartir aquí y allá, en un recipiente hondo, calamarcito-patata-butifarra-caldo. Encima, romero y flor.

Muestra de genuina cocina de bungaló y vacaciones, menaje escaso y compra diaria, lo que permite eliminar lo superfluo. El romero y el hinojo y su flor provienen de una caminata por acantilados. ¿Que no los tienes en casa? Sustitúyelos por otras aromáticas.

Poco partidario de platos con follaje de flores y plantas, por confusos y por aterradores, sí lo soy, en cambio, del mesurado uso de esas hojas que, con precisión, cambian el sentido del plato. Salvia, mejorana, ajedrea, romero, tomillo, menta, albahaca, perejil, hierbabuena... ¡Tantas! Solo un par de hojas, en crudo, en la superficie. Y cuando lleguen a la boca, una pequeña fiesta.

CARRILLERAS CON SALSA DE FRICANDÓ

QUÉ

Carrilleras de cerdo (si son ibéricas, mejor)
Cebolla
Vino o brandy
Maizena
Setas secas
Pan (si es coca, mejor)
Aceite de oliva
Agua
Sal
Pimienta

CÓMO

Para las carrilleras: en una cazuela, sofreír las carrilleras salpimentadas. Podríamos enharinarlas, pero aquí cambiaremos la fórmula para que los celíacos puedan darle a la mejilla. Cuando tengan la superficie bruñida, retirar.

Para las setas: proceder igual que en la receta del fricandó de berenjenas (ver receta)

Para la cebolla: cortar en trozos pequeños, porque interesa que se deshagan en la salsa. Pasar a la cazuela donde estuvieron las carrilleras, salpimentar bien y dorar en esa grasa. Añadir el vino o el brandy y dejar evaporar. No es un paso necesario, así que si hay que renunciar al alcohol, ningún problema. Devolver las carrilleras al cuadrilátero y rehogar con la cebolla. Rociar el polvo de setas. Cubrir con agua y esperar. En lugar de ponerte al día con las noticias del apocalipsis y amargarte, mejor que hagas ejercicio preventivo para después sentarte y gozar con esta contundencia que cocinas, y que rebosará una salsa que te pondrá a bailar.

Para la salsa: cuando las carrilleras estén tiernas, sacarlas. Córtalas en láminas y resérvalas calientes. Añadir la Maizena: si es la corriente, diluir antes en agua; si es Instant, directamente al recipiente. Espesar. Rectificar de sal si es necesario. Colar para que quede un jugo sin tropezones.

Para el pan: cortar la coca por la mitad y tostar. Puede ser barra, mollete, *llonguet*, pan de molde, pan de hamburguesa...

Emplatado: la coca abierta, la carrillera y la salsa por encima, pringando y prometiendo placeres inmensos.

POR QUÉ

Es una variación de la receta tradicional de fricandó en busca de carnes con colágeno. Permite una cocción más rápida, mordida cordial y que los labios se pongan brillantes y carnosos sin necesidad de *gloss* o chutes de bótox. Las setas también han desaparecido, pero no su sabor, sustituidas por los polvos mágicos. Es una versión elegante del estofado convencional, que excluye carnes *azapatadas* y rompe con una frase que apuñala: «Lo mejor del fricandó es la salsa». Aquí, también la carne.

El servicio lo copié de Dani Lechuga, del restaurante Bardeni: fue al primero que vi servir el fricandó sobre coca. Pan que transporta un guiso, pan ya mojado en salsa, plato para comer, si se desea, con una mano.

QUÉ

Garbanzos hervidos
Brócoli
Almendras
Pimiento de romesco
Tomate
Ajos
Vino tinto
Agua
Aceite de oliva
Sal
Pimienta

POR QUÉ

Pensamos en el romesco solo como salsa fría para *calçots* y existe, y eso lo saben bien en Tarragona, el mundo de los romescos calientes. Este no lleva ni pan ni vinagre (pero podría llevarlo) y sí vino (pero podría no llevarlo), variaciones, cambios, adaptaciones, aceptaciones: un fruto seco, dos frutos secos... Lo he dicho en otros lugares y lo repito aquí: no entiendo cómo el romesco no es una salsa con proyección mundial. Lo tiene todo: es saludable, vegana, reconstituyente y de atractivo color. Plato para una cocina sin remordimientos: legumbre-crucífera-frutos secos.

106

CÓMO

Para el romesco: en el horno, escalivar los tomates y los ajos. En una cazuela, saltear las almendras y el pimiento de romesco (de no encontrarlo, sustituir por ñora). Cuidado con el pimiento, que se quema enseguida. Triturar, con aceite de oliva y un poco de vino, el pimiento, las almendras, los tomates y los ajos pelados. Salpimentar. Añadir un poco de agua si quedara espeso.

Para el brócoli: romper en arbolitos y añadir a la cazuela donde estuvieron las almendras. Salpimentar y saltear con aceite, añadir agua, dejar reducir hasta que quede tierno. Mezclar con el romesco y cocinar. Hora de los garbanzos. Rehogar bien con la salsa. Si fuera necesario, para homogeneizar, un chorrito de agua.

Emplatado: cucharón y plato hondo.

ROMESCO
DE GARBANZOS
Y BRÓCOLI

UN POLLO ENTERO AL HORNO

QUÉ

Pollo de unos dos kilos
Hierbas aromáticas secas
Romero fresco
Tomillo fresco
Limón
Whisky
Agua
Maizena
Sal
Pimienta negra

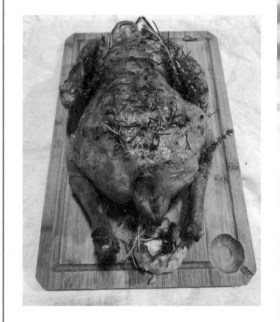

CÓMO

Para el pollo (con antelación): 24 o 48 horas antes, untar bien el pollo —al que en la carnicería habrán sacado los interiores— con la sal, la pimienta y las hierbas secas por fuera y por dentro. Dejar destapado en la nevera para que el frío seque la piel.

Para el pollo (el día del asado): sacar el pollo de la nevera una hora antes de pasarlo al horno. Meter en el interior del alado el limón partido por la mitad y unos ramilletes de tomillo y romero frescos. Bandeja con rejilla para que el ave no toque el líquido. En el fondo de la bandeja, agua y whisky. O cualquier otro destilado. La salsa se hará con esa base y el goteo de la grasa del ave. Si hay niños, no usar alcoholes. Comenzar con el animal con las alas sobre la rejilla. Horno a 190 °C: en total tardará una hora y media, con una vuelta de la pieza cada media hora. Añadir agua a la bandeja si fuera necesario. Importante que en ningún momento el jugo toque la epidermis del bicharraco.

Para la salsa: pasar el líquido de la bandeja a un cazo y calentar. Diluir una cuchara de Maizena en agua fría y añadir a la salsa. Espesar.

Emplatado: necesitaríamos un experto —o alguien atrevido—

trinchador o trinchadora. Cortar un pollo entero con habilidad no es fácil. ¿Muslo o pechuga?

POR QUÉ

Unas patatas fritas o una ensalada de lechuga y cebolla con una vinagreta suave custodian de maravilla el espectáculo alado. A la hora de presentarlo, se puede llevar al comedor en una bandeja con el adorno fragante de las hierbas frescas. La mayor dificultad de la receta es el manejo de una pieza grande.

Busqué durante tiempo cómo conseguir un pollo con la piel crujiente y el secreto está en dejar que la nevera seque el exterior y el horno lo barnice sin que ningún líquido se le acerque. Hay quienes, antes de hornear el *pollastre*, atacan la humedad con un secador de pelo. No es mala idea: el secador de pelo encuentra su lugar en los armarios de la cocina junto a las cacerolas.

FILAMENTOS DE RAYA, AJOS Y GUINDILLA (NO ME «RAYES»)

QUÉ

Raya
Ajos
Guindilla
Maizena
Agua
Pimienta

POR QUÉ

Pensemos en un plato de espaguetis de pescado pero sin pasta: he aquí la respuesta. La raya es más fácil de manejar que un berbiquí. Se cocina con rapidez y en boca es agradable como el tacto de una camisa buena. Atención a su frescura: si está pasada, atufa a amoniaco.

Madres y padres primerizos: abandonad ese producto infame y enigmático llamado palitos de pescado —también conocidos como palitos de mar en su versión más surrealista y poética— por esta *rayada* sin espinas —pongámonos también surrealista y poéticos— con olas que romperán en tu boca.

CÓMO

Para los ajos, la guindilla y la raya: pelar, trocear y freír los ajos en una sartén amplia. ¿Guindilla? Venga, te esperamos. Los filetes de raya, ya limpios en la pescadería, salpimentados. Venga, raya. Tapar y cocinar: necesita poco tiempo.

Para la raya: pasar a un plato e ir separando con cuidado los hilos de carne de los cartílagos. Mantener caliente.

Para la salsa: en la sartén habrá quedado líquido de cocción, añadir un poco de agua (o caldo de pescado) y reducir. Sacar los ajos y la guindilla, colar y devolver al fuego. Diluir una cucharita de Maizena en un vaso, hervir con el caldo exprés y que concentre sin llegar a una salsa muy espesa.

Emplatado: las tiras a la manera de una pasta, los ajos, la guindilla y el jugo.

ESCUDELLA VEGETARIANA CON ALBÓNDIGAS DE GARBANZOS

QUÉ

Galets
Bote de garbanzos
Harina de garbanzos
Hierbabuena
Canela en polvo
Huevo
Pan rallado
Nabo
Chirivía
Col
Zanahoria
Puerro
Apio
Agua
Aceite de oliva
Sal
Pimienta

CÓMO

Para el caldo: meter las hortalizas limpias y cortadas sin miramientos en la olla a presión. Sí, el agua también. Y sal. Quien no tenga el artefacto con válvula (la de casa es enorme y primitiva), una olla abierta. Lo suyo sería sentarse a esperar, escuchar silbidos (¿admiración, abucheo?), oler el aroma que sale por la válvula y hacer un crucigrama. Desde el momento en que la válvula comienza a volverse loca, esperar diez minutos. Liberar presión (atención: este recipiente es una bomba), destapar y colar el caldo.

Para las albóndigas: abrir un bote de garbanzos: ¡flop! Retirar el agua. Con el túrmix, triturar las legumbres junto con la hierbabuena, la pimienta y un poco de canela (cuidado con la canela, *dominatrix*). Probar y rectificar de sal si fuera necesario. Pasar a un recipiente amplio con el que trabajar la masa con las manos. Añadir un huevo. Si queda endeble, dar consistencia con el pan rallado. Hacer bolas, pasar por la harina de garbanzos y freír en una sartén. Manejar con delicadeza: es frágil. Los manazas y los aprendices de malabarista, cuidado. Desengrasar sobre papel de cocina y reservar.

Para los *galets*: colocar en el fuego una cazuela amplia con agua y sal y, cuando hierva, invitar a la pasta a darse un baño. Sacar los *galets* al punto (o casi) y depositar en una bandeja, echar un chorrito de aceite encima y cubrir con papel film para evitar que se sequen: es un truco que evita que se rompan que tomo prestado del cocinero Carles Abellan. Nada más triste que un mar de *galets* naufragados.

Emplatado: en un plato hondo, depositar las albóndigas de garbanzos y los *galets* y mojar con el caldo muy caliente.

POR QUÉ

Colesterol, triglicéridos... ¿Aún quieres un porqué? La sopa ha salido de nuestras vidas como si fuera un primer amor. Con lo sencillo que es prepararlas y la gente prefiere cargar con ladrillos de *tetrabrick*. Por ser demasiado cotidiano (¿ordinario?), el caldo se ha secado en los restaurantes. Ya solo nos queda el refugio de casa, y es una suerte tener un hogar en el que poder refugiarse.

Sin carne, pero con la misma voluntad de llegar al placer por vía de una relajante bañera de agua caliente. A triunfar a bordo de un *galet* sin chocar contra la albóndiga.

CALAMARES A LA CARBONARA

QUÉ

Rodajas de calamar
Guanciale
Ajos
Huevo
Mantequilla
Aceite de oliva
Pecorino
Sal
Pimienta

CÓMO	POR QUÉ

<u>Para los calamares</u>: cortar las rodajas para convertirlas en tiras que imiten la pasta. Salpimentar y sofreír. Añadir agua hasta que estén tiernas. Reservar agua de la cocción.

<u>Para el *guanciale*</u>: cortar a trozos y saltear con aceite, mantequilla y ajos (o, dependiendo de tu gusto y colesterol, solo mantequilla o solo aceite). Después, los ajos se desecharán. O cómelos, en secreto y de pie, ante los fuegos. Privilegio de cocinero.

<u>Para la salsa</u>: ralla el pecorino, rompe el huevo y añade la yema al queso. Trabaja ese engrudo con un tenedor hasta integrar lácteo y óvulo. Si nunca antes lo habías hecho así, verás que es un gran truco para que después, al mezclar con la pasta (la de verdad o esta de calamares), no haya grumos.

<u>Para el conjunto</u>: retirar de la cazuela el exceso de líquido y dejar solo los calamares, añadir el *guanciale* y el cremoso de queso y huevo y mezclar bien. Si quedara muy espeso, aligerar con el agua de cocción.

<u>Emplatado</u>: los calamares con regio baño de salsa dorada.

Nadie puede negar que esto sea una carbonara porque es una salsa preparada al modo ortodoxo de un plato heterodoxo, puesto que la composición no se basa en ningún documento con historia: la primera vez que se la nombró así fue en 1950, en el diario *La Stampa*, y no se parecía a la receta defendida a espada por los romanos y, oh, decepción, probablemente ni siquiera sea una preparación romana.

Así hacen la carbonara en Italia, sin beicon ni nata y con *guanciale* (carrillada curada de cerdo) y pecorino, pero ignorando cuándo y por qué comenzaron y qué tiene que ver el nombre, de manera que libérate y manipula a tu gusto el símbolo.

En un condimento repleto de transgresiones, ¿qué más da sustituir los espaguetis por tiras de calamar? Consejo: saca la carbonara del convencionalismo y salsea, por ejemplo, unas verduras. Le va de maravilla al cardo.

LENTEJAS CON BUTIFARRA TUNEADA

QUÉ

Lentejas hervidas
Cebolla
Brócoli
Coliflor
Butifarra
Semillas de comino
Granos de mostaza
Aceite de oliva
Agua o caldo de verduras
Sal
Pimienta

CÓMO

Para la butifarra: este es un trabajo entretenido. Primero, conseguir uno de esos tubos frescos elaborados en una carnicería donde respeten al cerdo y no lo humillen con aditivos. En un mortero (recuperar ese instrumento que algún día fue abandonado sin escrúpulos ni respeto y que es una de las primeras herramientas de la Humanidad) o en un molinillo, triturar las semillas de comino y los granos de mostaza, o especias alternativas. Sacar la piel de la butifarra, partir en trozos de unos 12 centímetros, cortar transversalmente sin que las dos partes se separen del todo y espolvorear con la mezcla de especias. Cerrar, modelar las butifarras y hacer paquetitos con papel film (apretar bien las puntas) intentando respetar la forma original. Cocinar al vapor (vaporera de metal, de bambú, de silicona para microondas) y esperar a que se enfríen para *pelarlos*.

Para el brócoli y la coliflor: desbrozar las crucíferas, sacar arbolitos verdes y blancos. Ya que tienes la vaporera en marcha, usarla y pasar esas copas por el *hammam*. Sal y pimienta recién molida, por supuesto.

Para el fondo: cortar la cebolla. En una cazuela, sofreír la butifarra tuneada: dorar bien. Retirar y pochar la cebolla en esa grasa hasta que se vuelva transparente. Si es necesario, mojar con un poco de agua. Cuando la cebolla esté hecha, añadir el verde y el blanco, el brócoli y la coliflor. Es un paso rápido porque ya están cocinados. Cubrir con agua.

Para las lentejas: cuando el líquido haga chup-chup, sumar las lentejas a la juerga. Abrir un bote o comprar ya hervidas en un puesto del mercado. Rectificar de sal si fuera necesario. Darle un par de vueltas al molinillo de pimienta. Cuando arranque otra vez el hervor, es el turno de las butifarras customizadas.

Emplatado: en plato hondo, la fiesta de la leguminosa, la crucífera y el puerco.

POR QUÉ

La gracia del plato son las butifarras retocadas. Puedes rellenarlas con lo que te dé la gana, siempre que sea de pequeño tamaño. Setas desmenuzadas, puerro cocinado, quesos blandos... Una carnicería casera recreativa. Carnicería en cuanto a género, no a que os matéis los unos a los otros.

El juego del blanco y el verde, esos bonsáis comestibles, también son atractivos, y saludables. La receta dará un resultado aceptable sin la participación del cerdo. Sí, más salud, sin duda, pero menos placer. ¿Colocamos las variables en la balanza?

GUISANTES CON CALAMARCITOS Y TOMATE

QUÉ

Guisantes
Calamarcitos
Tomate
Cebolla
Aceite de oliva
Vi ranci
Agua
Sal
Pimienta

POR QUÉ

La temporada de guisantes es tan breve como ilusionante y satisfactoria, además de cara. Precios de mercados de diamante para los *lágrima*, denominación que invita a llorar.

En esta receta, se entienden con los calamares y con el tomate, con un estofado tan breve que ni siquiera se le puede llamar estofado. Elementos dulces, porque lo es la leguminosa y porque lo es el cefalópodo y porque lo es el *vi ranci*, encuentran en el tomate la acidez y la jarana necesarias.

CÓMO

<u>Para los guisantes</u>: en una cacerola, saltear brevemente los guisantes salpimentados. Retirarlos.

<u>Para el sofrito</u>: cortar la cebolla en juliana y llevar a la cazuela. En ese rehogado, los calamarcitos limpios y salpimentados. El *vi ranci*, que se mezcle, pierda alcohol y deje azúcares. El tomate, rallado o triturado de conserva. El agua y tiempo. Tapar y cocinar hasta que los calamares estén tiernos. Dejar que desaparezca el líquido y mezclar con el verde de la leguminosa, solo para entibiarlo.

<u>Emplatado</u>: plato hondo, cuchara y a relamerse los bigotes.

QUÉ

POR QUÉ

Morro de cerdo
Laurel
Puerro
Zanahoria
Agua
Limón
Capuchina
Albahaca
Rúcula
Cilantro
Sal
Bolas de pimienta
Pimienta

CÓMO

Para el morro: meter el apéndice en una olla exprés con agua, zanahoria, puerro, laurel, bolas de pimienta y sal. También se puede adquirir en la carnicería ya hervido. Secar y pasar a un recipiente apto para el horno: una hora a 200 ºC sin aceite ni agua. Dar una vuelta para tostar por ambos lados.

Emplatado: cubrir el morro crujiente con hojas de albahaca, rúcula, capuchina y cilantro. Espolvorear pimienta y rallar la piel del limón.

Es rico, es barato: engancha. Se propone aquí una ensalada con trampa, con lo verde arriba y el pecado debajo. Mucho morro, Arenós. Fue una careta a la brasa que comí en Soca-rel, el restaurante arrocero de Jordi Garrido en Llofriu, Baix Empordà, lo que me activó. Un aceite con picante y limón aún le daría más vivacidad.

Otro día preparé un taco con base vegetal, con una hoja amplia de lechuga, cebolleta, albahaca, pimientos del piquillo y dados de pegamento porcino. Un bocadillo sería un buen receptor del apéndice.

MUCHO MORRO

SUQUET
DE DORADA

QUÉ

Filetes de dorada
Harina de garbanzos
Potas
Vino
Judías hervidas
Cebolla
Pimiento verde
Tomate concentrado
Manojo de perejil
Ajos
Aceite de oliva
Vino
Sal
Pimienta

POR QUÉ

Es un *suquet*, raro, mixto, en el que no hay patata pero sí legumbre, tal vez sea un *catxoflino*, esa cazuela marinera y anárquica de Palafrugell. Improviso en casa a menudo y esta receta nace de ese «¿qué hay en la nevera?». Las potas/*cananas* podrían ser pulpitos, sepias o calamares, como ya explico en otra receta. Y las judías, garbanzos. Y la dorada, caballa o lubina. O, o, o. Esta es una cocina de *y* y de *o*. Con sentido común y variables, con preocupación por el punto del pescado.

CÓMO

Para la dorada: partir los filetes por la mitad, rebozar en harina de garbanzos, salpimentar y sofreír lo justo en la cazuela. Retirar.

Para las *cananas*: cortar el cuerpo en rodajas y acortar patitas. Salpimentar y sofreír en la misma cazuela.

Para las hortalizas: el pimiento verde (sin venas ni semillas), la cebolla y los ajos, cortados en *brunoise* y que hagan compañía a las *cananas* (potas). Venga, el manojo de perejil. Una cucharadita de tomate concentrado. Un chorro de vino blanco, tinto, cava, eso-que-tienes-abierto. Después del hervor, el agua. Que todo hierva y haga ji-ji y ja-ja hasta que la pota esté hecha. Retirar el perejil, que ahora estorba. Las judías hervidas, que se calienten también en la marmita. Apagar el fuego. Añadir los filetes de dorada y tapar para que se entibien.

Emplatado: plato hondo con la legumbre, el pescado, el molusco, el *suquet*.

QUÉ

Garbanzos hervidos
Sardina ahumada
Cebolleta
Albahaca
Aceite de oliva
Sal
Pimienta

POR QUÉ

Un plato más sencillo que contar los dedos de una mano, a menos que lleves un implante biónico. Plato frío, ensalada, primero, segundo, se adapta a cualquier posición, excepto la del postre. El ahumado de la sardina, agresivo a veces, queda compensado con el frescor de la albahaca. Puedes probar con otros pescados acunados con humo, el resultado será igual de envolvente. La sardina podría ser sustituida por filetes de anchoa, triturados con la albahaca, en ese caso, sin sal.

En el túper, para oficinas o desahogos en parques, viaja bien.

CÓMO

Para el aceite de albahaca: triturar las hojas con aceite, pimienta y sal.

Para la cebolleta: cortar en juliana, meter un minuto en el microondas. Enfriar con agua. Secar y aliñar con aceite de oliva, sal y pimienta.

Para la sardina ahumada: comprar en el súper o en un comercio especializada. Sacar del envase y aliñar con aceite de oliva.

Para los garbanzos: pasar a un recipiente, salpimentar, añadir una parte de la cebolleta y engrasar con un poco de aceite de oliva.

Emplatado: montar el mecano; en la base, los garbanzos; encima, la sardina troceada y la cebolleta. En todas partes, un cordón de aceite de albahaca.

GARBANZOS CON SARDINA AHUMADA Y ACEITE DE ALBAHACA

TALLARINES CON CHIPIRONES ENCEBOLLADOS

QUÉ

Chipirones (puedes sustituirlos
    por sepia o calamar)
Tallarines
Cebollas
Perejil
Agua
Aceite de oliva
Sal
Pimienta

CÓMO

Para los tallarines: olla amplia, agua, sal y el chapuzón de los tallarines. Ojo al agua en la que hierven: es un *residuo* de primera. Un día venderán ese líquido enriquecido en *tetrabrick* y será cuando lo valoraremos.

Para los chipirones: hay que limpiarlos, actividad manual para entretener el desterramiento en casa. Sacar la pluma (no la de escribir ni el marabú: ese trocito que recuerda al plástico), el ojo y, si quieres, la piel. Nosotros les arrancamos ese exterior, pero no sería necesario en piezas de pequeño tamaño. En el caso de que uses al hermano mayor, el calamar, trocéalo. Lo mismo con la sepia.

Para la cebolla y el perejil: cortar la cebolla en juliana y rehogar con aceite a fuego lento en una cazuela. Salpimentar. Ir añadiendo el agua de cocción de la pasta a la cebolla. Cuando la absorba, mojar de nuevo. Picar el perejil. Si la cebolla está hecha, llega el turno de los chipirones (o la sepia o el calamar), que aguardan en la banda. Sumergir en el colchón de cebolla y saltear con rapidez. Salpimentar otra vez. Ya sabes que esos moluscos requieren de velocidad o de largo tiempo: la cocción intermedia da la textura de un chicle o de un monólogo aburrido. Más cachondeo: llega el turno de los tallarines escurridos. Mezclar bien con la cebolla con la presteza, a los platos, de un *disc-jockey* de los años 80. Confeti de perejil.

Emplatado: intentar que te quede bonito, con algún chipirón en la superficie dando volumen.

POR QUÉ

La pasta es una aliada de primera. Ten siempre los armarios llenos de paquetes y sobrevivirás a cualquier catástrofe, incluso las afectivas. Pasta con todo: no se queja y permite engrandecer las miniaturas. Métele una salsita y le dará cuerpo y trascendencia. Eso sí que es un vehículo y no el coche fantástico.

Hemos mezclado dos ideas: la de unos tallarines (podrían haber sido espaguetis) y la de unos chipirones encebollados. Es una forma de ahorrar: ¿cuánto producto marino habrías necesitado de ser un plato independiente? Dale a la materia gris y piensa a qué amigos (preparaciones) puedes presentar la pasta.

QUÉ

Patatas
Huevo
Morcilla
Aceite de oliva
Sal
Pimienta

POR QUÉ

Típica de la comarca barcelonesa del Berguedà, la patata enmascarada respondía a una necesidad sustitutiva: la escasez de harina en la montaña. Prácticamente olvidada fuera del lugar de origen, es una alianza con el porcino que impele a saltar picos a lo Kilian Jornet. El huevo aporta la salsa y la alegría.

CÓMO

Para las patatas: hervir cortadas a cuartos y con piel. En un plato, aplastar con un tenedor: amasar esa pasta con aceite, pimienta y sal

Para las morcillas: sacar la piel en un discreto despelote y deshacer en una sartén a fuego bajo con un poco de aceite. Hola, patata, ¿quieres rehogarte conmigo? Mezclar bien hasta que blanco y negro sean uno.

Para el huevo: freír un huevo salpimentado, de gallinas felices, dicen. Aunque no sé si una gallina a la que le roban el huevo es feliz.

Emplatado: si quieres que quede bonito, usa un aro, que contendrá la patatada oscura; si no, intenta que no se desparrame demasiado. Encima, el huevo, un poco de aceite y esa yema que hiere el ojo con su belleza.

PATATA CON MÁSCARA Y HUEVO

COCA DE SARDINILLAS, MEJORANA Y PIMIENTOS

QUÉ

Masa de empanada
Sardinillas de lata en aceite de oliva
Bote de pimientos del piquillo
Mejorana
Sal
Pimienta

POR QUÉ

Solución rápida para una coca o una empanada, riquísima, y sin producto fresco, sino con elecciones de supermercado. Diríamos que es una receta de fondo de armario para soluciones de última hora. Aquí, la mejor jugadora es la mejorana, que es la que arbitra el gusto y le da complejidad y diferencia a este bocadillo horneado.

CÓMO

Para la sardinilla: en una sartén, vaciar el aceite de la lata y deshacer su contenido lentamente. Espolvorear mejorana y pimienta.

Para los pimientos del piquillo: desechar el líquido del bote y en una sartén ampliar, confitar, rectificar de sal si fuera necesario. Espolvorear mejorana y pimienta.

Para la masa: estirar y, en una mitad, colocar los pimientos y, encima, la pasta de sardinillas. Tapar con la otra mitad y cerrar los bordes. Pintar con aceite de oliva, espolvorear mejorana y pimienta y hornear (arriba y abajo) a 200 ºC durante 20 minutos. Sacar del horno y dejar enfriar.

Emplatado: bandeja, plato... Cortar y mirar los dos estratos, grisáceo y rojo. Mejor comer con los dedos.

CURRI DE COLIFLOR (Y PICADA)

QUÉ

Coliflor
Arroz largo
Cebolla
Cúrcuma en polvo
Pimentón picante
Jengibre en polvo
Nueces
Rebanada de pan
Ajos
Semillas de comino
Coriandro en grano
Yogur griego
Cebollino
Aceite de oliva
Sal
Pimienta

CÓMO

POR QUÉ

Para la coliflor: trocear en arbolitos.

Para la picada: en una cazuela, con un poco de aceite, saltear los ajos, el pan cortado y las nueces. Reservar para picar con el mortero o el túrmix y con la ayuda de un poco del líquido de cocción.

Para la cebolla y las especias: demostrar pericia para cortar en juliana y pochar lentamente con aceite en la cazuela. Ir refrescándola con agua. En el mortero o el molinillo (o a golpes entre papeles de cocina si no tienes nada más), machacar el comino y el coriandro y añadir a la cebolla. El perfume cambiará el estado de ánimo de tu cocina.

Para el arroz largo: lavar varias veces, hervir con agua y sal y colar.

Para el curri: con la cebolla especiada a punto, convocar a la coliflor desarbolada. Mezclar todo con garbo. Añadir agua y esperar con la paciencia reservada a los místicos. Cuando esté cocinado, tatachán, la pasta de la picada. Si queda más espeso que un día nublado, añadir un poco de agua y dejar reducir. En el último momento, el yogur. No hay que añadir el lácteo demasiado pronto porque la mezcla perderá cremosidad.

Emplatado: en un recipiente hondo, el curri de coliflor a un lado y el arroz en el otro. O el blanco debajo y el amarillo encima. Picar cebollino y dar un rocío verde.

Este plato no es auténtico, no soy indio y no tengo la capacidad ni la legitimidad para testar su *verdad*. Es un curri en cuanto guiso especiado. Como sucede a menudo, la visita a un restaurante me estimula y llego a casa con ganas de darle a la batería. Tras comer en Mirch, el *indian garito* de Ivan Surinder, en el Raval de Barcelona, quise añadir un curri al recetario doméstico. Probé con cordero a partir de un *rogan josh* y después le di unas vueltas a un pollo *korma*.

Lo catalanicé con una picada, perfectamente coherente con el curri, que también lleva frutos secos, así como los moles, en una insólita conexión México-India-Catalunya. ¿Por qué cocinas tan alejadas se comunican con ollas y avellanas y anacardos y pistachos y nueces y almendras? Saborizan, espesan y reparten más beneficios que las administraciones de lotería. Y gracias a eso, la proximidad transciende el kilometraje para dar sentido cercano a un concepto distante.

¿Y si en lugar de agarrar la palabra curri, tan carismática y evocadora, hubiera titulado *Guiso amarillo de coliflor (y picada)*?

GARBANZOS CON TELLINAS (2 PLATOS EN 1)

QUÉ

Garbanzos hervidos
Tellinas (o chirlas o almejas)
Ajo
Aceite de oliva
Perejil
Sal
Pimienta

CÓMO

Para los garbanzos (1): en los mercados hay puestos donde cocinan de maravilla las legumbres. Hay que ser fieles a esos lugares, en los tiempos fáciles y en los difíciles. O preparadlas vosotros: las leguminosas en un recipiente con agua durante 10-12 horas, escurrir y aclarar. Meter con agua en una olla exprés; cuando hierva, cerrar la tapa y bajar fuego a la mitad. ¡Cuidado al despresurizar la cabina! (consejos de la Fundació Alícia en el libro *La cocina de las legumbres*). Esto no lo dice Alícia pero lo digo yo: para minimizar las flatulencias, añadir semillas de comino. Y guardar el agua de cocción.

Para las tellinas (o chirlas o almejas): un par de horas en agua con gas y sal. Pasar después por el grifo. Nada más molesto que la arena en los dientes (parece un verso de El Último de la Fila).

Para los ajos: pelar y cortar en trocitos. En la yema de los dedos, un olor que no te quitarás en todo el día.

Para el perejil: picar con habilidad de ninja.

Para las tellinas (o chirlas o almejas): en una cazuela, sofreír los ajos (que no se quemen), echar las tellinas (habrá potente chisporroteo), dar unas vueltas para que se impregnen, esparcir el perejil y dar un meneo al molinillo de la pimienta. Un poco de agua y tapar. Atentos: se trata de que se abran, pero no de que se cocinen demasiado. ¿Tellina seca? Puag. De pararnos en este punto, ya tendríamos un plato.

Para los garbanzos (2): abrir la cazuela y sacar las tellinas abiertas (o chirlas o almejas), añadir las legumbres al caldo verdeamarillo. Rectificar de sal si fuera necesario. Si faltara líquido, añadir un poco del de la cocción de los garbanzos. Separar la carne de los moluscos de sus valvas.

Emplatado: en un bol o plato hondo, los garbanzos y los ajos, y ese perejil asustado; encima, las tellinas *peladas* (o las chirlas o las almejas). Si has sido prudente y has apartado una ración de tellinas con la concha y algo de jugo, dispones de un 2 en 1, dos platos por el mismo trabajo.

POR QUÉ

Hay que sacar a las legumbres del tedio. Las leguminosas están en el origen de la civilización y son responsables, en parte, de que los seres humanos dejaran el vagabundeo, el nomadismo. Guardar paquetes secos en la despensa permite sobrevivir incluso a una guerra atómica. Son los mejores aliados de la resistencia.

Alejémoslas del cerdo, su gran amigo, y probemos con otros ingredientes. Son más versátiles que una navaja multiusos o que Prince, que tocaba todos los instrumentos.

«ESTO NO ES UN POLLO, GENERAL TSO»

QUÉ

Contramuslos de pollo
Soja
Harina
Huevo
Tomate concentrado
Aceite picante
Refresco de cola
Perrins
Sésamo blanco
Hojas de col
Aceite de oliva
Sal
Pimienta

CÓMO

POR QUÉ

Para el pollo (1): cortar los contramuslos a pedazos y, en un recipiente amplio, mezclar con el huevo batido, la soja, la harina y la sal (poca). Mezclar bien con esa mascarilla hidratante. Dejar reposar una hora en la nevera.

Para la salsa: en un cazo, freír en aceite un par de cucharadas de tomate concentrado, añadir el refresco de cola (burbujeará como una pócima), la salsa Perrins, el aceite picante (modular el usó, según apetencias y resistencias) y la soja. Espolvorear el sésamo blanco. Concentrar y dejar enfriar.

Para la col: en una sartén, saltear las hojas sin la parte central, que es muy dura. Añadir un poco de agua para ablandar. Fuera del fuego, un chorrito de aceite y soja.

Para el pollo (2): repartir las porciones enmascaradas sobre papel de horno y hornear a 200 °C hasta que estén doradas.

Emplatado: el pollo, en el centro; la col, arriba o a un lado; y la salsa roja, aquí y allá.

Aquí se han cometido muchas herejías, pero es que se trata de una elaboración de complicada paternidad. Ningún chino se escandalizará porque no es un plato exactamente chino: fue ideado en 1955 por un cocinero chino que se exilió a Taiwán, popularizado en Estados Unidos a mediados de los años setenta por cocineros chinos que habían ido a Taiwán en busca de inspiración, y forma parte de las especialidades chino-estadounidenses, pero no de las chinas, como he dicho. Qué embrollo, ¿no? Respeto las ideas originales: el adobo de la carne, la salsa con tomate concentrado (y la herejía, o no, del refresco de cola, pero ¡es que es un plato *casi* norteamericano!) y el picante, aunque sustituyo la fritura por el horno para que el resultado sea más ligero y tampoco rehogo el ave en la salsa para proteger el crujiente.

¿Y quién era el tal general Tso? Zuo Zongtang, líder militar chino del siglo xix. Que se sepa, nunca se manifestó ni a favor ni en contra de comer pollo.

CONEJO CON SEPIA Y TOMATE (Y POLIAMOR)

QUÉ

Conejo troceado
Sepia
Tomate troceado (de conserva
　o fresco en temporada)
Cebolla
Tomillo fresco
Agua
Aceite de oliva
Sal
Pimienta

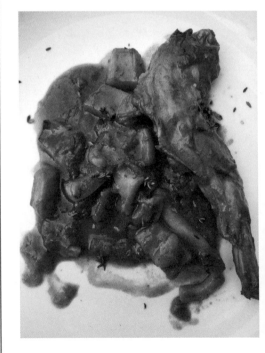

CÓMO

Para el conejo: en una cazuela con aceite, dorar el conejo salpimentado. Añadir un par de ramas de tomillo fresco (y si es seco, pues que sea seco). Que quede un bonito color de piel —del tono de un verano en Mallorca—. Sacar y reservar.

Para la cebolla, la sepia y el tomate: pasar la cebolla en juliana por la grasa que ha dejado el conejo. Cortar la sepia en pedazos regulares y rehogarla con cierta rapidez con la cebolla. Salpimentar. Las ramas de tomillo siguen en el recipiente, inyectando chispa. El turno del tomate. Si es de conserva, ya sabes: abrefácil. Si es fresco, cortar los trozos con cuidado para conservar el agua de las vegetaciones. O rallar. Venga, a la cazuela. Cocinar hasta que se integre todo. Devolver el conejo al lío. Cubrir con agua. Tapar la cazuela. Lee, haz gimnasia, limpia los cristales, medita, mira una serie, ayuda a tus hijos con los deberes, tricota, mete barquitos en una botella, escribe tus memorias, canta, dúchate (y canta), bebe una copa de vino, salta a la comba, recupera el Scalextric, grita a las palomas.

Cuando la sepia esté tierna, seguro que el conejo se encontrará en su punto. A lo mejor, a la mitad falta líquido. No pasa nada: añadir agua.

Dejar que se evapora al máximo y que lo que quede sea una salsa.

Emplatado: en plato grande, depositar el conejo y la sepia y cubrir con la salsa. Unas hojitas de tomillo fresco le irán de maravilla.

POR QUÉ

Es un guiso, un mar y montaña de ingredientes que normalmente no viajan juntos. Y resulta que el conejo y la sepia son buenos amigos. A la cocina hay que aplicarle una lógica muy básica y atreverse a jugar. Sabemos de la alianza del pollo y la gamba o la langosta. Demos, entonces, la oportunidad de que otros *singles* se relacionen. La cocina es como una aplicación para ligar a lo bestia. En realidad, se trata de un trío: sin el tomate no habría amor.

La base del guiso es la paciencia. Hay que dar una oportunidad al poliamor de la sepia, el conejo y el tomate. Mira, aquí llega, celoso, el tomillo.

139

QUÉ

Chuletas de cordero
Cabeza de ajos
Patatas
Ramitas de romero
Agua
Aceite de oliva
Sal
Pimienta

POR QUÉ

Para el conjunto: importante, en este caso, la cazuela de barro. Pelar y laminar las patatas, colocar en el fondo de la cazuela y salpimentar. Encima, las chuletas. Salpimentar. En el centro, la cabeza de ajos. A los lados, las ramitas de romero. Un chorro de aceite y un poco de agua, solo para humedecer. Mojar un papel de horno, escurrir el excedente de líquido y cubrir la cazuela. A 200 °C, unos tres cuartos de hora. Destapar los últimos minutos para dorar.

Emplatado: la carne, unos ajos y las patatas, que habrán absorbido los jugos del cordero.

CÓMO

En el piso en el que nací, en Vila-real, los lunes se comía *xulla al forn*, actividad ligada a las festividades patronales, que consagraba el primer día de la semana a esa vianda y a la cuchipanda colectiva. Cuando la gente no disponía de hornos potentes en sus hogares, la *cassola de test* se llevaba a la panadería, donde la comunidad se forjaba ante la leña. La receta de mi madre incluía piñones, motivo de pelea entre mis hermanos por ver quién había sido agraciado con más cantidad de ese fruto seco de alto precio.

Para esta ocasión he distribuido chuletas sin hueso, aunque también son bienvenidas las de palo. Añado unas ramitas de romero, la cabeza entera de ajos, si bien también se pueden distribuir sueltos y, crucial, la tapa de papel para evitar que el cordero se reseque y endurezca.

XULLA AL FORN

BIKINI DE SOBRASADA, MIEL Y QUESO

QUÉ

Sobrasada
Pan de payés
Miel
Queso Maó semicurado
Aceite de oliva

POR QUÉ

Un bikini sin pan de molde ni mantequilla, ¿sigue siendo un bikini? Diría que sí. En cualquier caso, es una variación. Porque si el bikini ¿original? es de jamón y queso (lo que en otras partes se llama mixto), el resto de la familia y sus múltiples variaciones, ¿qué son? En Catalunya recibe el nombre por la sala barcelonesa Bikini. Un lugar geográfico, el atolón de Bikini, dio nombre al dos piezas.

Receta con algunos trucos para facilitar el proceso y hacerlo un poco más rápido y sencillo. Se reivindica lo artesano: el pan, el queso, la sobrasada, la miel. Huid de productos de la industria y buscad a quien aún trabaja con las manos.

CÓMO

Para el pan: comprar el pan en rebanadas o cortar la pieza con cuidado para no rebanarse un dedo con el cuchillo. El pulgar es un tropezón indeseado. Pasar el pan por la tostadora en busca de un ligero crujiente (truco 1). Tostarlo un poco.

Para la sobrasada: untar sobre la tostada caliente (truco 2) y añadir un poco de miel. La miel ayudará a deslizar el cerdo untuoso como el esquí sobre la nieve (truco 3). Adelante si prefieres la sobradada picante.

Para el queso: calentar un poco en el microondas para ablandarlo (truco 4). Por coherencia de ingredientes, uso queso de Maó, Menorca, pero este bocadillo baleárico admite otros, tanto de pasta blanda (no calentar en el *micro*) como dura, depende de si quieres hilillos (pero no de plastilina) o más resistencia.

Para el sándwich: colocar el queso sobre la capa rojiza y cubrir con la otra rebanada. ¿De qué otra forma se podría hacer? Y en cada una de las dos caras exteriores, unas gotas de aceite. Pasar por una sartén bien caliente. El pan, que ya había perdido la flexibilidad en la tostadora, tendrá más *crunch* que un *snack* con este segundo *shock*.

Emplatado: cortar en dos mitades y disfrutar con la vista de los estratos siena-naranja-ocre-siena antes de que el dulce-salado te perturbe la mente.

COLIFLOR A LO JOSÉ ANDRÉS CON SALSA BARBACOA

QUÉ

Coliflor
Aceite de oliva
Tomate concentrado
Perrins
Refresco de cola
Soja
Salsa picante (cualquiera a base
  de chiles)
Sal
Pimienta

CÓMO

Para la salsa barbacoa: en un cazo, sofreír el tomate concentrado e ir sumando ingredientes. Primero, el refresco de cola, que sacará espuma: no pasa nada, no es rabia. Después, la Perrins y la soja. Actuar con prudencia: dar a los botellines como un maraquero de la orquesta de Pérez Prado para regular la potencia. Lo mismo con los chiles: si no te va la barbacoa picante, renuncia a esta parte. Reducir, espesar (¡que no se queme!) y enfriar.

Para la coliflor: sacar las hojas y cortar la base para que pueda permanecer de pie, señoreando la cocina. Con el cuchillo, pinchar bien para que penetre el calor. Embadurnar la coliflor con una mascarilla de aceite (enriquece más que embellece), salpimentar y colocar en un recipiente para horno. Precalentar el horno, arriba y abajo, a 150 ºC. Mojar papel de horno, escurrir el agua y cubrir la pieza (este es un buen recurso para conservar la humedad en los pescados al horno). Cocinar durante media hora bajo ese velo. Sacar la joroba del horno, untar con la salsa barbacoa y devolver al calor. Otra media hora, a 200 ºC y destapada. Apagar el electrodoméstico y dejar reposar dentro 20 minutos.

Emplatado: antes de servir, volver a cubrirla con el salseo picante. La presencia del globo es espectacular. Depositar el tótem en el centro de la mesa para rendir honores. A lado, un bol con la barbacoa. Cortar gajos y seguir dando alegrías y chachachá con el condimento.

POR QUÉ

Esta receta parte de la que el cocinero José Andrés y el escritor Matt Goulding publicaron en el libro *Verduras sin límites*. La he adaptado a mi manera con otros tiempos de horno. También la salsa barbacoa es propia: hay otra versión en la receta de costillitas de conejo.

La verdad es que hacía tiempo que quería cocinar una pieza entera y sacarla al centro de juego para un saque digno. Pero aceptémoslo: una coliflor es una coliflor y los comensales no correrán a abrazarte. La barbacoa es una buena artimaña para disimular. Da un excelente resultado con carnes y es una añagaza para las verduras.

BOCADILLO DE CABALLA CON ROLLO

QUÉ

Filetes de caballa
Panecillo de frankfurt de súper
Mantequilla
Aceite de oliva
Mayonesa
Mostaza
Pepinillo
Cebolla
Alcaparra
Piparra
Cebollino
Huevo
Sal
Pimienta

CÓMO

Para la salsa tártara: picar la cebolla hecha al microondas y los pepinillos y mezclar con la mayonesa, la mostaza y un poco de aceite. La tártara lleva huevo duro: si tienes tiempo, dale.

Para la caballa: cocinar el filete en el microondas. ¿Cómo? Meter un minuto en un plato con la piel hacia abajo, abrir el electrodoméstico y ver si la parte central sigue sonrosada o es ya blanca. De tener color crudo, insistir. Desmenuzar, pasar a un bol y mezclar con la tártara.

Para el bocadillo: desleír mantequilla en una sartén con un poco de aceite y tostar el bocadillo, abierto por uno de los lados. Desengrasar sobre papel de cocina.

Para la piparra y el cebollino: cortar en rodajas la primera, picar el segundo.

Emplatado: rellenar el pan con la caballa, colocar encima unos puntos de salsa tártara, rodajitas de piparra y el cebollino.

POR QUÉ

En el apartado ingredientes se especifica que el bocadillo tiene que ser de supermercado, aunque si es un *brioche* alargado de panadería, mejor. Con la mantequilla en la sartén, resolvemos la carencia en el producto industrial. Si le tienes manía al derivado de la leche, usa solo aceite de oliva: el resultado no será el mismo, pero sí suficiente para el propósito abrillantador y enriquecedor.

Basado en los *rolls* de tartar de vacuno que el cocinero Carles Tejedor popularizó desde el restaurante barcelonés Lomo Alto/Lomo Bajo, este es de pescado con salsa tártara, que casan de maravilla. Acidez con la piparra y frescura con el cebollino. Un *roll* no será suficiente.

147

QUÉ

Fideos del número 4
Potas
Morro de cerdo hervido
Agua
Cebolla
Pimiento verde
Ajos
Tomate
Vi ranci
Aceite de oliva
Cebollino
Sal
Pimienta

POR QUÉ

Elegí potas porque estaba en una pescadería de Cambrils, de vacaciones y con una botella fría de vino blanco en la nevera del apartamento, y acababan de desembarcarlas. Podrían haber sido calamares o sepia o pulpo troceados, o pulpitos. Las cazuelas de fideos deberían ser platos importantísimos de pasta en el santoral mundial y son poco apreciados, o conocidos, más allá de las poblaciones con puerto pesquero, y ni siquiera allí porque la cocina de barca ha muerto por ahogo u olvido.

El morro de cerdo es el inesperado visitante, jugoso, carnoso, extraño en el revoltijo de *cananes* y fideos, entrada blanda y agradable en la boca. Es un plato que se hace solo porque, una vez al fuego, permite el cauto olvido y facilita la secreta unión de los dispares elementos.

CÓMO

Para las verduras: cortar la cebolla en juliana y los ajos y el pimiento verde, sin nervios ni semillas, en *brunoise.*
Para el morro: cortar en pedazos. Si no lo encuentras hervido, qué raro, se puede cocinar rápidamente con la olla exprés, agua y verduras.
Para el guiso: en una cazuela estupenda, sofreír las verduras. Cuando estén, añadir tomate y salpimentar. Chorro de vino y reducir. Pasear las potas por el fondo e impregnar bien. Mucho morro, claro. Y los fideos: revolver en el apetitoso tumulto. Agua, chup-chup y paciencia. Rectificar de sal. Tapar y leer un rato.
Emplatado: plato hondo, cuchara y un poco de cebollino para dar alegría verde.

CAZUELA
DE FIDEOS,
POTAS Y MORRO

ARROZ VERDE

QUÉ

Arroz (bomba, bahía, sénia)
Aceite de oliva
Cúrcuma
Alcachofas
Guisantes
Acelgas
Brócoli
Judías
Tomate
Ajos
Hierbabuena
Agua
Sal
Pimienta

CÓMO

Sobre la paella: importantísimo el recipiente que da nombre al plato. Un *paelló* de acero pulido y, sobre todo, ¡que no sea antiadherente! Un instrumento duro que te acompañará toda la vida y que podrás usar en interior y en exterior: no, no hablo de sillas ni de mesas de teca, sino de una paella, de un *paelló*. El único mantenimiento que requiere es, una vez limpio, una capa de aceite de oliva hasta el uso siguiente (y antes de comenzar, hay que fregar el unto). Tienes que conocer bien tu instrumento y no hacer caso al fabricante. Ellos dicen: «Para 8 personas». Haz caso: solo darás de comer a la mitad.

Para las hortalizas: pelar las alcachofas y cortar en cuartos. Puedes ser virguero y respetar el tallo. Desbrozar el árbol de brócoli. Desgranar los guisantes. Trocear las acelgas. Tajar las judías en pedazos. A cada vegetal, su corte. Rallar un tomate y añadir sal y los ajos en láminas.

Para la paella: aceite en el *paelló* (este plato necesita grasa) y sofreír los vegetales, de más duros a menos. Por tanto, las acelgas, al final. Salpimentar. Una vez rehogado lo VerdeOscuroCasiNegro (por culpa de la alcachofa), echar el tomate con los ajos. Si el olor que llegaba era bueno, el que comenzará a salir ahora embriagará el piso y atraerá a los habitantes. El momento del agua: ¿cuánta? El agua tiene que cubrir los remaches interiores de las asas. Añadir un poco de cúrcuma (cuidado, es invasiva) con los primeros hervores. Cuando el agua se evapore y esté por debajo de los remaches, será el momento del arroz. Hacer una cruz y extender. Que quede un dedo de agua por encima de la gramínea. Parece difícil pero solo es cuestión de práctica y de usar siempre el mismo *paelló*. No hay que marear el arroz. Con el último hervor, unas ramitas de hierbabuena. Si te sientes seguro, atrévete con el *socarrat*. Oler la

superficie para evitar el quemado. Cuando esté bien seco, apagar el fuego, tapar con papel de periódico y dejar reposar cinco minutos.

Emplatado: lo tradicional es comer del *paelló*, pero en tiempo víricos, mejor en plato.

POR QUÉ

Un arroz monográfico: no le compliques la vida a la gramínea porque no dará mejor resultado. Aquí, menos es más. Y más es abuso y desconcierto. Los arroces barrocos con un millón de elementos heterogéneos solo engañan al bolsillo. Este es de verduras de temporada, y nada más. También hay juego: he querido buscar lo verde, pero valen hortalizas con otros colores. ¿Caldo? ¿Para qué? El caldo se va haciendo en el *paelló* mientras cocinamos.

Un par de consideraciones: la cúrcuma. Tocaría azafrán, cierto. Si lo tienes, úsalo con moderación (por precio y porque, en exceso, da sabor a ¡cloro!), pero mejor la especia amarilla que un colorante alimentario. Y la hierbabuena: es sentimental. Mi abuela le daba un toque final a la paella de carne y verduras. Es una rama que me une con el pasado. Es una rama que no quiero romper.

151

ARROZ DE COSTILLA Y *CEPS*

QUÉ

Arroz (bomba, bahía, sénia)
Costilla de cerdo
Ceps secos
Aceite de oliva
Tomate
Romero fresco
Ajos
Agua
Pimentón
Cúrcuma
Sal
Pimienta

POR QUÉ

Parece imposible que tan pocos elementos den tan excelso resultado, pero es así, gente de poca fe. Sencillísimo y excelentísimo, con la ayuda del agua de engordar las setas. Una vez comprendida la rutina del arroz a ojo —como ya dije, hay que conocer el *paelló* o *paellons* que se usan—, solo queda ser cabal y mesurado con los ingredientes y ensayar nuevos horizontes. Complicar un arroz es dispersar el sabor, diluir esfuerzos. Los caldos se hacen sobre la marcha: al burbujeo de *ceps* se suma la carne de cerdo, sin necesidad de cosmética. Con cada bocado, el mismo asombro: «¿Solo costilla y *ceps*?».

CÓMO

Para los *ceps*: hidratar los *ceps* en una cazuela llena de agua. ¡No tirar ese líquido sagrado!

Para la paella: en el *paelló* (instrucciones de uso en la receta *Arroz verde*), sofreír la costilla troceada y salpimentada. Cuando esté dorada, los ajos laminados y, seguidamente, un par de cucharadas de tomate (si es concentrado, una). Escurrir los *ceps* e impregnar del rojo mortecino. Espolvorear con un poco de pimentón. ¡Agua! El líquido de hidratar las setas. Si hace falta, más agua. Cuando hierva, un poco de cúrcuma, salpimentar de nuevo e infusionar un par de ramitas de romero fresco. El arroz: que se evapore el líquido e intentar el *socarrat*. Atentos a ese paso, tan próximo al quemado. Apagar el fuego y cubrir cinco minutos con papel de diario.

Emplatado: arroz, costilla y *ceps*.

QUÉ

Arroz (bomba, bahía, sénia)
Espalditas de conejo
Caracoles
Tomate
Hierbabuena
Cúrcuma
Agua
Ajo
Aceite de oliva
Sal
Pimienta

POR QUÉ

Es un clásico fronterizo, Alicante-Murcia. En zona de viñas, se cocina con sarmientos y una llama viva, salvaje, peligrosa. De nuevo con ingredientes mínimos para resultados máximos; en esta receta, con el antojo de las espalditas, si bien lo corriente es el conejo entero. Montaraz, también puede ser terminado con romero, con la dispersión de las agujas o la ramita entera.

El arroz de caracoles al estilo de Pinós es el padre-abuelo de todos los arroces de capa fina, tan en boga, perturbados por la estética más que por la eficacia.

CÓMO

Para los caracoles: mejor frescos y hervidos; si no, congelados. Son sosos, es su naturaleza, así que salpimentar y aliñar con hierbabuena picada.

Para la paella: en el *paelló* y con aceite abundante, dorar las espalditas de conejo salpimentadas. El ajo, troceado: y qué buen aroma libera. El tomate y ese sofrito guapo. Rehogar los caracoles. Agua, chup-chup y la cúrcuma (si hay dudas, consultar la receta *Arroz verde*). Y el arroz: mismo procedimiento, que chupe el agua y tueste y repose, ya sin llama, bajo un papel.

Emplatado: arroz, conejo y caracoles.

ARROZ DE CONEJO Y CARACOLES

ARROZ FRITO CON HORTALIZAS

QUÉ

Arroz largo
Huevos
Calabacín
Cebolla
Judía verde
Zanahoria
Jengibre fresco
Soja
Aceite de oliva
Aceite de sésamo
Sal
Pimienta

POR QUÉ

La inspiración es un arroz chaufa, ese cruce de China con Perú, que se ha convertido en un *hit* en nuestra casa, donde lo preparan los hijos. Admite toda clase de hortalizas, de temporada o aquellas muertas de tedio en los cajones de la nevera. Modular más o menos aceite de sésamo, según el grado de aromatización que se busque. Que la cazuela sea antiadherente importa para el resultado final, para que la gramínea quede suelta y entera, sin dejarse la piel, pegada y destrozada en el fondo del cacharro.

CÓMO

Para el arroz (1): lavar varias veces y poner a hervir con agua, sal y pimienta. Colar y reservar agua.

Para la tortilla: batir los huevos y hacer una tortilla en una cazuela amplia y antiadherente. Enrollar sobre sí misma y cortar longitudinalmente. Reservar en caliente.

Para las verduras: cortar las hortalizas en *brunoise* y pochar en la misma cazuela junto con algunos trozos de jengibre fresco. Hidratar con agua de cocción del arroz las veces que sea necesario. Retirar de la cazuela cuando estén hechas.

Para el arroz (2): en el mismo recipiente donde se llevaron a cabo las operaciones anteriores, freír el arroz bien extendido. Ir volteándolo a medida que se vaya tostando. Mojar con soja y aceite de sésamo. Y seguir, sin prisa, dejando que cambie de color. Probablemente necesitarás más aceite de oliva: sin miedo. Cuando esté *crunch*, devolver las hortalizas, sin el jengibre, al ruedo.

Emplatado: el arroz y, encima, la tortilla.

MUSLOS DE POLLO CON GALERAS

QUÉ

Muslos de pollo
Galeras
Puerro
Ajos
Laurel
Vermut
Agua
Maizena
Sal
Pimienta

CÓMO	POR QUÉ

Para las galeras: en una cazuela, salpimentar, sofreír brevemente, retirar y reservar en caliente.

Para el pollo: en la misma cazuela, salpimentar los muslos y sofreír. Añadir el puerro troceado, los ajos pelados y el laurel. Si queda por ahí algunas galeras feas, descoyuntadas o descabezadas, añadir: servirán para potenciar el caldo. Y si no, ¡pon algunas galeras buenas, que la salsa necesita sabor! Chorro de vermut y dejar que se evapore el alcohol y suelte la sutil concentración de azúcar y hierbas. Bañar en agua y que el chup-chup haga su magia.

Para el jugo: retirar el muslamen y colar el caldo, apretando la sustancia en el chino para que el puerro, el ajo y las galeras residuales dejen el alma (qué cursi). Devolver a la cazuela y añadir agua con Maizena desleída. Darle caña al fuego y concentrar.

Emplatado: el pollo, las galeras y un baño terapéutico de ese lodo tan rico llamado salsa.

Un mar y montaña en el que el pollo encuentra un nuevo aliado, menos aristocrático que la gamba, el bogavante o la langosta, aunque con una considerable intensidad sápida. Reivindicación de la galera, exiliada a los caldos y sin presencia real, visible y digna en los platos caseros. Entiendo que comer la armadura con pinchos es tarea ingrata porque puede dejar los labios como arrastrados por cactus, si bien tampoco se necesita una portentosa habilidad para arrancar las exiguas carnes. Hay que chupetear, morder y sacar de la boca con lentitud, sin tirones ni violencias. Bandera blanca para la galera.

QUÉ

Espaguetis
Botifarra del perol
Parmesano
Pecorino
Huevo
Sal
Pimienta

POR QUÉ

Las disquisiciones sobre qué es o no esta especialidad romana que no nació en Roma, en la receta de *Calamares a la carbonara*. Sustituyo aquí el *guanciale* por *botifarra del perol,* bofetón tan graso como agradable para practicantes de *soft sado*. Y añado parmesano, que también aparece en muchas carbonaras con el discutible sello de auténticas. ¿Resultado? Unos espaguetis de una cierta tradición encajada en una versión nueva, que no es, necesariamente, traición.

CÓMO

Para la pasta (1): poner agua a hervir con sal en una olla grande. Cuando comience el borboteo, los espaguetis.

Para el queso: rallar pecorino y parmesano. Mezclar con la yema y hacer una pasta.

Para la *botifarra*: sacar la piel y deshacer en una sartén a fuego lento. Si fuera necesario, añadir agua de la cocción de los espaguetis.

Para la pasta (2): retirar del agua (reservar un poco de líquido enriquecido) y devolver los espaguetis a la cazuela caliente, ya fuera del fuego. Añadir la butifarra y remover bien, hasta integrarla. Rápidamente, la pasta huevo-queso. De quedar muy espeso, echar mano del líquido de cocción.

Emplatado: cubrir (si es de vuestro agrado) con más parmesano rallado (o pecorino, o ambos) y ¡mucha! pimienta.

CARBONARA DE *PEROL*

CABALLA ENVINAGRADA Y BERENJENA ESPECIADA

QUÉ

Filetes de caballa
Berenjena
Ras al hanut
Vinagre de Jerez
Hierbas frescas (albahaca, menta,
  perejil...)
Sal gruesa
Berenjena
Aceite de oliva
Agua
Sal
Pimienta

POR QUÉ

De similar color y terrosidad, esta pareja tocada por lo marroquí y ribereño. El uso del grill para cocciones exprés de pescados grasos, previamente salados en seco y bañados. La berenjena, con el fresco de las hojas recién recolectadas (el consejo, siempre, de tener unas macetas a mano). Y la caballa, envinagrada de otra forma para satisfacer a los paladares asustadizos.

CÓMO

Para la berenjena: hornear a 200 °C, arriba y abajo, hasta que la piel comience a quemarse. Sacar y tapar para que acabe de escalivar. Sacar la piel, cortar en tiras y aliñar con aceite, sal, las hierbas frescas picadas y la mezcla de especias *ras al hanut*.

Para la caballa: cubrir los filetes unos 30 minutos con sal gruesa. Limpiar y sumergir otros 30 en agua con vinagre de Jerez. Secar y con la piel hacia arriba y un par de gotas de aceite, extender sobre papel de horno, meter bajo el grill durante unos pocos minutos.

Emplatado: en paralelo, la caballa, chorrito de aceite, pimienta y *ras al hanut*, y la berenjena, ya bautizada.

163

GALLO & PATATAS

QUÉ

Filetes de gallo
Comino en polvo
Orégano seco
Ajo en polvo
Pimentón
Laurel seco
Vinagre
Agua
Harina
Patatas
Aceite de oliva
Sal
Pimienta

CÓMO

Para el adobo (1): con unas tijeras, cortar los filetes. Colocar en un recipiente con el comino, la sal, la pimienta, el orégano, el ajo, el pimentón, el laurel troceado y unas gotas de vinagre (siempre prudente con ese combustible). Espolvorear con harina y mezclar bien el pescado con la mascarilla. Agua, más bien poca, colaborativa con la masilla. Dejar seis horas en la nevera. Ningún problema si duerme toda la noche.

Para las patatas: pelar, cortar en bastones, freír en aceite, desengrasar, salpimentar, reservar. Todo esto, escrito sin respirar.

Para el adobo (2): freír el pescado en tandas. Desengrasar sobre papel de cocina.

Emplatado: las patatas, el pescado y un salseo. El de la foto es de tomate picante (como el de la receta del bonito confitado), pero se puede solucionar con una alternativa exprés: mayonesa de bote, pimentón ahumado y aceite.

POR QUÉ

Un *fish & chips* de calidad, con pescado bueno y sin la grasa de buey en la que sumergen los ingleses. El gallo canta con más fuerza gracias al adobo, que, además, hidrata y protege. Harina, la justa, gracias a ese uso en la pasta enriquecida con los aromáticos en polvo o secos. En busca de más salud, pero peor textura, los pedazos se puede hacer al grill, con una línea de aceite sobre cada pieza.

Las patatas: cualquier cosa con patatas. Alternar crujientes, superficies doradas, oros comestibles.

QUÉ

Presa ibérica
Calabaza
Mandarina
Romero fresco
Pasta de curri rojo
Orégano seco
Aceite de oliva
Agua
Sal
Pimienta

POR QUÉ

En casa son habituales los marinados y los adobos, secos y húmedos, para ablandar carnes de cerdo. Este es muy sencillo porque la pasta de curri es un producto preparado: elige una buena, sin aditivos. Busqué un acompañamiento de temporada que, además, siguiera el juego de los anaranjados para una coherencia cromática, algo innecesario, por supuesto.

La ralladura de mandarina da el toque final, aromático y desengrasante.

CÓMO

Para la presa (1): disolver la pasta de curri en agua y mezclar con orégano seco. Bañar la presa en ese naranja. Dejar reposar durante medio día o, preferentemente, una noche.

Para la calabaza: pelar y cortar en dados. Buscar un recipiente apto para microondas y con tapa. Colocar los dados de calabaza, agua y tapar. Estarán hechos en unos 6-8 minutos, pero ir probando en tandas de tres minutos hasta encontrar el punto. En una sartén grande con aceite, saltear con las briznas de romero y salpimentar. Reservar en caliente.

Para la presa (2): sin el adobo, saltear con aceite y salpimentar. Poco a poco, añadir el líquido del embalsamamiento y concentrar.

Emplatado: a un lado, la presa y el jugo; al otro, la calabaza; encima de ambas, piel de mandarina rallada.

PRESA ADOBADA Y CALABAZA CON MANDARINA: TODO AL NARANJA

FIDEOS CON BONITO COMO UN MARMITAKO

QUÉ

CÓMO

Filetes de bonito
Fideos del número 4
Puerros
Cebollas
Ajos
Zanahorias
Vino blanco
Perejil
Pimiento verde
Tomate concentrado
Agua
Aceite de oliva
Pimentón
Sal
Pimienta

POR QUÉ

Este guiso marinero parte de un marmitako en el que se prescinde de las patatas, buscando en los fideos la misma función alimenticia y saciante. Quien quiera *marmitakear*, que cambie la pasta por el tubérculo para llegar a la misma sabrosa conclusión. Lo inteligente del plato es la no-cocción o la apenas-cocción del bonito: esa es la diferencia entre el bocado excelente y la gominola de pescado.

Para el bonito: separar pieles de cuerpo y cortar porciones gruesas de la carne, de unos dos dedos. Salpimentar y reservar.

Para el caldo: poner agua a hervir con las pieles (y la espina: ¡que no la tiren en la pescadería!), un puerro, una cebolla, un par de zanahorias, perejil, sal y pimienta.

Para el guiso: picar el puerro, la cebolla, los ajos y el pimiento y sofreír en una cazuela. Hip, vino blanco (¡no bebas mientras conduzcas cazuelas!), evaporación y una cucharada de tomate concentrado. Un poco de pimentón y, veloz, rehogar los fideos y rectificar de sal, y pimienta, por supuesto. Colar el caldo y trasladar a este corifeo. Cuando los fideos estén cocinados, meter en el baño rojizo los cortes de bonito y apagar. Es-muy-importante: que se hagan lo justo.

Emplatado: en plato hondo, un poco de todo. Que luzca ese bonito.

QUÉ

Boquerones
Cebolla
Colatura
Tomates
Tomillo limonero
Aceite de oliva
Sal
Pimienta

POR QUÉ

Este es un plato veraniego, el desarrollo de un novedoso *suquet* frío, según las reflexiones del cocinero Jordi Vilà (Alkimia y Al Kostat). Lo emparentamos enseguida con una ensalada demasiado acuosa, pero debemos pensar en un *suquet* al que darle —amablemente— con una cuchara. Interviene aquí, con el protagonismo de los secundarios que dejan recuerdo, la *colatura*, ese subproducto de la anchoa, esa agüilla que funciona como potenciador de sabor y alternativa a la soja.

Colatura, garum, nuoc nam, nam pla, líquidos salobres hechos con la base de pescados fermentados, que culebrean hasta lo más hondo de la historia, frecuentados en la cocina asiática y semiolvidados en la cuenca del Mediterráneo.

CÓMO

Para los tomates y la cebolla: se trata de generar la mayor parte de jugo con un doble procedimiento. Primero, con un corte en la base, escaldar, pelar y hacer gajos con los tomates. Colocar en un recipiente amplio. Después —y que nadie se desmaye ahora porque vamos a boxear—, cubrir una cebolla con un trapo y darle golpes con el puño: una terapia cebollera (*ceba al cop de puny*). Sacar la piel y juntar la cebolla tumefacta con el tomate, salpimentar, añadir la *colatura* y un poco de agua. Dejar unas seis horas en la nevera para que las vegetaciones de los tomates y la cebolla se mezclen (cuidado con la paliza: aunque una parte del líquido se transfiera al paño, no hay que dejarlo como una sopa).

Para los boquerones: limpios, sin tripas ni cabeza, ni espinas, en filetes, grill a tope, aceite, sal y pimienta y entrar y salir.

Emplatado: el tomate, la cebolla, el *suquet* (el líquido) y los boquerones, chorro de aceite de oliva en crudo y unas hojitas de tomillo limonero.

SUQUET FRÍO DE BOQUERONES

ESPAGUETIS CON SARDINILLAS DE LATA

QUÉ

Sardinillas de lata
Tomate en conserva
Cebolleta
Aceite de oliva
Agua
Sal
Pimienta

CÓMO

Para la pasta: recipiente grande con agua y sal. Cuando hierva, echar la pasta. Todas las recetas dicen: «¿Tiempo? Hacer caso al fabricante». O sacar un espagueti y probar la textura. A vuestro gusto. Eso es la cocina. A vuestro gusto.

Para la salsa: trinchar la parte blanca de la cebolleta. La parte verde, a rodajitas; y reservar. Abrir la lata de sardinillas y separar el aceite del pescado azul. En una cazuela, pochar la cebolla con el aceite de la lata y sal. Ese aceite es oro. Si fuera necesario, usar el agua de la cocción de la pasta. Atención: llega el tomate en conserva con un suspiro de sal. Cuando la cebolla esté hecha y el tomate oscurecido y musculoso, la sardinilla: se trata de hacer una pasta. A fuego lento,

deshacer los cuerpos (como si fuerais unos criminales con un cadáver). Pimienta. El recurso, siempre a mano, del agua de cocción de los espaguetis por si hay que hidratar. Cuando estén hechos, mezclar bien con la cebolleta, la sardinilla y el tomate.

Emplatado: sobre la pasta, las rodajas de la parte verde de la cebolleta. Y más pimienta.

POR QUÉ

Es un plato para emergencias, vagancias o confinamientos con un solo producto fresco: la cebolleta. Tiramos de fondo de armario: conservas y pasta. La sardinilla puede ser sustituida por atún o anchoa. Se procede exactamente del mismo modo, dando uso a elementos que se consideran residuales y que son de primera categoría, como los aceites de las latas y el agua de cocer la pasta, recursos de subsistencia, o de inteligencia. Esas grasas en las que los pescados se han confitado durante meses, a oscuras y en silencio, concentran un sabor intenso y característico. Aun en ausencia del producto principal, son la esencia de la conserva.

Las latas son casi inmortales. Mirar la fecha de caducidad es una forma de terapia. Es un saludo al futuro.   173

CALAMAR ENROLLADO

QUÉ

Calamar
Tomate triturado (conserva o fresco)
Laurel seco
Tomillo fresco
Cebolla
Patatas
Vi ranci
Aceite de oliva
Sal
Pimienta

CÓMO

POR QUÉ

Para la salsa: picar las aletas y los tentáculos del calamar y la cebolla. Rehogar la cebolla en aceite; dar potencia al fuego, y caña al picadillo de calamar, y salpimentar. Bautizar con el *vi ranci* y dejar que se evapore (si hay niños o personas que no pueden tomar alcohol, saltar este paso). Megáfono: «Quedan convocados el tomate, un par de hojas de laurel y unas ramitas de tomillo». Dejar que se cocine, en roja y aromática armonía, el conjunto. Si es necesario, añadir un poco de agua.

Para las patatas: pelar, cortar a cuadraditos, cocinar con aceite. Desengrasar sobre papel de cocina y reservar en caliente.

Para el calamar: cortar el cuerpo en forma de rectángulos. Practicar incisiones verticales y horizontales sin atravesar la carne, como si fueran escarificaciones. Pasar los rectángulos por una sartén muy caliente y untada con el aceite. ¡Hop! Se doblarán sobre sí mismos con arte de contorsionista. Sal y pimienta, claro.

Emplatado: en la base, el tomate customizado; encima, los rulos de calamar, bautizados con un chorro de aceite; a un lado, las patatas fritas y, en los tres elementos, hojitas frescas de tomillo, rocío unificador.

Las tres partes han sido cocinadas por separado para garantizar texturas distintas. La patata no está deshecha como en los guisos, sino que conserva la estructura. El calamar, al haber sido cocinado con la velocidad de Flash, tiene mordida. Y el tomate, dopado con el picadillo *calamaro*, sí, meloso.

La idea nació en el restaurante Freixa Tradició, en una última comida en octubre del 2018 antes del cierre: Josep Maria Freixa sirvió unos calamares con tomate y cebolla y ese runrún me persiguió a casa.

He hecho varias versiones, con el calamar a tiras, o con sepia, y sustituyendo las patatas por garbanzos hervidos. Todas funcionan bien, pero es esta —con el tubo de calamar, con el calamar con rollo— la que me parece más enrollada.

175

QUÉ

Carrilleras de cerdo deshuesadas
Cebolla
Ajos
Fino
Agua
Chocolate al 70 %
Sésamo blanco
Sésamo negro
Aceite de oliva
Sal
Pimienta

POR QUÉ

Muchas tabletas tienen en la superficie un sarampión de sésamo: la semilla oleaginosa se entiende con el amargo. Podría haber sido este el punto de partida para pensar el plato, aunque fue otro. La reflexión surgió después de comer un cordero con mole de un joven chef que ni era mexicano ni su cocina tenía que ver con México. Moles y picadas, una de las características de la cocina catalana, comparten frutos secos. Algunos moles tienen también al ajonjolí (sésamo) y al chocolate como componentes, mientras que

en Catalunya aún perviven —por desgracia, de forma silenciosa— los guisos con derivados del cacao. Planteé al joven chef: ¿no sería más lógico hacer referencia a la picada, un concepto de proximidad, que al mole? Deslumbrados por lo lejano, olvidamos el brillo de lo cercano.

Las carrilleras son aquí almohadas, blandas y cómodas, y el chocolate, esa música de fondo que llega de la feria.

CÓMO

Para las carrilleras: en una cazuela amplia con aceite, guisar las carrilleras salpimentadas. Cuando los mofletes comiencen a estar dorados, añadir la cebolla en juliana y los ajos sin piel. Después, un chorretón de fino para recoger jugos y añadir complejidades. Cubrir con agua y dejar que el chup-chup masajee las carnes hasta ablandarlas.

Para la salsa: separar las carrilleras del líquido, que ya tendrá consistencia. Colar con un chino y apretar la cebolla y los ajos para extraer jugos. Añadir una onza de chocolate a la salsa: no necesita más porque el cacao tiene que estar sin abrumar. Bañar las carrilleras en el untuoso fondo.

Emplatado: la carne con su mejor cara, el salseo chocolatero y una lluvia de contrastes, el sésamo blanco y el sésamo negro.

CARRILLERAS CON CHOCOLATE Y SÉSAMO

ALBÓNDIGAS (CON PRISA) AL CURRI ROJO

QUÉ

POR QUÉ

Hamburguesas de pollo
Pasta de curri rojo
Nata de cocina
Arroz largo
Aceite de oliva
Sal
Pimienta

CÓMO

Para el arroz: lavar bien el arroz. En una cazuela, con agua y al fuego. Cuando esté hecho, eliminar el exceso de líquido, salpimentar y aceitar.

Para las albóndigas: deshacer las hamburguesas (que tienen que ser de pollería para evitar aditivos), humedecer los dedos y amasar albóndigas. De cada una tienen que salir cuatro. En una cazuela con un poco de aceite, saltear las bolas. Desleír la pasta de curri en agua y llevarla a la cazuela. Dejar que el líquido reduzca y añadir la nata. Concentrar y ¡ya!

Emplatado: las albóndigas, la crema rosada y, a un lado, el arroz. Espolvorear con pimienta fresca.

Esta receta dispara varias blasfemias y una verdad: es rápida. Y así la hice y así la cuento. Fue de improviso, con lo que tenía en la nevera. Use unas hamburguesas (carne picada de muslos), pero podría haber recurrido a una butifarra para la misma acción heterodoxa de fabricar bolas con carnes ajenas y ya construidas y aliñadas. Es una deconstrucción, o una reconstrucción albondiguera. Por ningún lado un bote de leche de coco y sí un olvidado *tetrabrick* de nata de cocina en el frigorífico. La pasta de curri estaba ahí, con otras salsas, en una balda del electrodoméstico para combinaciones acertadas o desconcertantes. El conjuntó funcionó mejor que un anillo grasiento en el dedo de un robot enamorado.

BACALAO AL PILPIL EN UN CÍRCULO DE GARBANZOS

QUÉ

Lomos de bacalao
Garbanzos cocidos
Comino
Ajos
Pimentón
Perejil
Aceite de oliva
Sal

CÓMO

POR QUÉ

<u>Para la ajada</u>: freír ajos cortados en láminas. Fuera del fuego, con el aceite atemperado y sin los ajos, una cucharada de pimentón. Dejar que decante y usar solo la parte superior del rojo.

<u>Para los garbanzos</u>: si son de un puesto de legumbres, pedir agua de cocción (y no añadir sal); si los has preparado en casa, reserva el caldo; si son de bote, añadir líquido. Triturar los garbanzos con su sustancia, el comino y los ajos de la ajada. Si eres finolis, pásalo por un chino.

<u>Para el bacalao y el pilpil</u>: en una cazuela, preferentemente de barro (¡viva el barro!), calentar aceite y freír ajos en láminas. Con el fuego bajo, colocar el lomo con la piel hacia arriba e ir girando la cazuela suavemente como si fuera un hulahop a cámara lenta. Lluvia de perejil picado. Retirar y reservar en caliente. Sacar el aceite, pasar a un recipiente frío. A cucharadas, devolver a la cazuela mientras se regresa al movimiento rotario hasta conseguir una salsa espesa, amarilla y brillante. Otro sistema es usar un colador e ir moviéndolo sobre la superficie aceitosa con el mismo propósito.

<u>Emplatado</u>: sobre un círculo de crema de garbanzos, el bacalao y, cubriéndolo, el pilpil. Aliñar la leguminosa con ajada.

Es el pilpil una salsa de salsas, un *allioli* supremo y a la vasca. Para emulsionar necesita de una gelatina como la del bacalao. Qué alegría cuando, ante nuestros ojos, el aceite toma consistencia y se transforma en una superficie aterciopelada. Aunque pequeño, es un triunfo satisfactorio.

Buenas alianzas: ajo-pimentón, garbanzo-comino (que ahorra flatulencias), bacalao-pilpil. Y qué tres capas o alturas al llevarlas a la boca. Alerta porque, por separado, pueden ser base (la crema) o aliño (la ajada) de otros platos. Y ojalá saliera pilpil de sobra para condimentar diferentes ingredientes o, sencillamente, extender sobre una rebanada de pan tostado.

QUÉ

POR QUÉ

Cabracho troceado
Harina de trigo
Harina de garbanzos
Aceite de oliva
Albahaca
Sal
Pimienta

CÓMO

Para el cabracho: el trabajo más detestable de la receta lo harán en la pescadería. Hay que pedir que saquen las escamas, corten los pinchos y la troceen. Mezclar al 50 % las dos harinas y rebozar los cortes. Freír por tandas en aceite muy caliente. Desengrasar sobre papel absorbente. Salpimentar. Picar albahaca.

Emplatado: estupendo, en una bandeja. Lluvia verde con la albahaca.

Los pescados enteros aparecen en diferentes formatos en las mesas de los restaurantes: fritos de la cabeza a la cola, a la sal, a la parrilla o al horno. La llegada de un ejemplar al completo es motivo de alborozo porque la enormidad se aplaude. La ración ya emplatada es menos festiva porque no se aprecian las magnitudes. En esta bandeja, la *escórpora* aparece cortada para facilitar la cocción, pero sigue siendo satisfactorio verla más o menos reconstruida y presidiendo el centro de la mesa.

Hay que prestar atención a la cabeza, despreciada por los de paladar simplón. Meter los dedos en esas hendiduras es arrancar hebra de goce.

Salmonetes y cabrachos pequeños, bien rebozados, son fáciles de freír enteros y de comer sin dejar otro resto más que la espina. La mayonesa cítrica, con lima, por ejemplo, ayuda a aligerar, frase sin sentido porque lleva grasas. La albahaca, al menos, es fresca y embriagadora.

CABRACHO FRITO

COSTILLA DE CERDO CON CURRI Y HIERBAS AL HORNO

QUÉ

Costillas sin cortar de cerdo
Lechuga
Curri en polvo
Hierbas secas
Cebolleta
Albahaca
Azúcar moreno
Agua
Jengibre y ajo en polvo
Aceite de sésamo
Aceite de oliva
Maizena
Sal y pimienta

POR QUÉ

Como con las otras recetas de este libro, se permite cualquier cambio. ¿Valen las hierbas de la Provenza de ese bote olvidado? Valen. ¿Sustituir la albahaca por perejil? Vale. ¿Mayonesa con chipotle o yogur con menta como salsas? Valen. ¿Taco de maíz o bocadillo en lugar de lechuga? Vale. ¿Sin base de lechuga y directamente en el plato y cortar con cuchillo y comer con tenedor? Vale. Plato laborioso en cuanto a tiempo de anticipación para la marinada seca y en tiempo de horno, pero de una pasmosa sencillez para tan satisfactorio resultado.

CÓMO

Para las costillas (1): planificar con tiempo porque es mejor que reposen en la nevera 24 horas, o más, con una marinada seca. Si se hace al momento, el resultado también será bueno, ¡claro que sí! Untar las dos caras con la sal, la pimienta, el curri y las hierbas secas.

Para la salsa: en un cazo, mezclar el agua (no demasiada), la soja, el azúcar moreno, el jengibre y ajo en polvo y el aceite de sésamo y reducir. Cuando se haya evaporado en gran parte, desleír una cucharada de Maizena en un vaso con agua fría y añadir. Que espese.

Para las costillas (2): en un recipiente que resista al horno, depositar la cara con carne y grasa hacia abajo. No necesita aceite. Humedecer una hoja de papel de horno, escurrir el exceso de agua y tapar. Deja una hora a 150 °C. Pasado el tiempo, dar la vuelta a la pieza. Últimos 15 minutos: destapar, volver a girar la carne y subir a 200 °C. Sacar del horno y deshuesar sin achicharrarse.

Para la cebolleta: cortar en juliana, meter en el microondas un minuto y enfriar. Trinchar la albahaca y mezclar con la cebolleta, sal y aceite.

Para la lechuga: deshojar.

Emplatado: sobre una hoja de lechuga, la carne deshuesada, la cebolla/albahaca y la salsa agridulce. Enrollar y comer con las manos.

ORIENTAL BURGER

QUÉ

Carne picada de ternera
Panceta
Rebanada de *brioche*
Sésamo blanco y negro
Aceite de sésamo
Jengibre en polvo
Perejil
Hojas de capuchina
Soja
Panecillos de hamburguesa
Salsa *teriyaki*
Kétchup
Vinagre japonés
Sal
Pimienta

CÓMO

<u>Para la hamburguesa (1)</u>: en un recipiente amplio para trabajar con las manos como el alfarero fantasmón de *Ghost*, la carne de ternera, una pequeña parte de panceta picada, el perejil y un par de hojas de capuchina también machacadas, la rebanada de *brioche* desmigada (se puede sustituir por pan de molde sin corteza), el jengibre en polvo, el sésamo, la soja,

la sal (soja y sal son compatibles, aunque usar con tino) y pimienta recién molida. ¿El aceite de sésamo? Es muy dominante, así que hay que controlar su uso. Pastelear hamburguesas de unos 100 gramos. Dejar en la nevera unos 30 minutos para que se asienten y cojan consistencia.

Para la salsa: en una sartén pequeña, el kétchup, la *teriyaki*, la soja y el vinagre japonés (si tienes de Jerez, perfecto). Reducir y trasladar a un bol para que se enfríe.

Para los panecillos: pasar por una sartén engrasada.

Para la hamburguesa (2): sacar un rato antes de cocinar para que la carne se atempere. En una sartén engrasada, tostar bien las caras y que quede un interior rosado y jugoso.

Emplatado: la carne, en el panecillo, salseada y con tiras de hojas de capuchina encima.

POR QUÉ

Hace años, cuando Albert Raurich estrenaba el barcelonés Dos Palillos, comí la *nippon burger* y mientras escribía este libro lo volví a hacer en Tamae, el bar con *delivery* que comparte con Eugeni de Diego, compañero suyo en El Bulli. Salí de Tamae con el capricho de versionarla sin saber cuál era su contenido pero comprendiendo la sustancia. Hay dos elementos más en el aliño de la carne que no he descrito para no desanimar al lector: el *shiso* morado y la pimienta de Sichuan, ambos de cultivo propio, de las macetas que tenemos en la terraza. No son esenciales y sí intercambiables por otros condimentos, como el *shichimi togarashi* o el polvo de alga. Monta el paseo por Tokio a tu manera. ¿Qué parte de la ternera? Recomendaría solomillo, pero escucha —y aquí va la rima— a tu bolsillo.

QUÉ

Pulpitos
Cebollas
Cerveza
Perejil
Patatas
Aceite de oliva
Ajos
Sal
Pimienta

CÓMO

Para las patatas: pelar y cortar a rodajas. Arreglar en una fuente amplia de horno con aceite, agua, sal y pimienta. Hornear a 150 °C hasta que estén tiernas.

Para los pulpitos: cortar la cebolla en juliana y pochar en una cazuela. Añadir un poco de agua si comienza a quemarse. Salpimentar. Picar el perejil y espolvorear. La hora de la cerveza, pero no para el trago frío, sino para este chup-chup. Venga, los pulpitos, sin entretenerse. Dos opciones: cocción muy rápida para que se contraigan y mantengan una textura firme, o larga, con más agua, para que queden muy tiernos.

Emplatado: base de patatas, los pulpitos con su jugo, perejil fresco y un chorrito de aceite de oliva para redondear. Pimienta molida, por supuesto.

POR QUÉ

Este es un plato de cocina-de-apartamento, o de bungaló, que merecería un libro, puesto que las limitaciones azuzan el ingenio. He cocinado en pisos de Nueva York, Ámsterdam, Roma, Berlín, Viena o Zagreb y en bungalós y apartamentos de la Costa Brava y la Costa Daurada, y en todos esos lugares he encontrado menajes mínimos con cuchillos de casa de muñecas y fuegos eléctricos de escasa potencia y entusiasmo. Con ingredientes limitados, hay que sacar el máximo provecho, por eso uso aquí la cerveza: es lo que había a mano.

Tenía patatas y cebollas, y esperamos la llegada de las barcas de L'Escala para adquirir los pulpitos. Cociné el tubérculo por separado porque me interesaba que mantuviera la integridad en forma de láminas para servir de alfombra y dar la merecida bienvenida a la majestad liliputiense de las ocho patas.

PULPITOS CON CEBOLLA Y PATATA

LENGUADO DE MICROONDAS A LA MANTEQUILLA

QUÉ

Lenguado
Mantequilla
Aceite de oliva
Alcaparrones
Limón
Sal
Pimienta

CÓMO

Para el lenguado: pedir en la pescadería que limpien el lenguado, pero que lo conserven entero, sin separar en filetes. Colocar en un plato y meterlo en el microondas. Estará hecho en un par de minutos, aunque depende del peso. Lo mejor es ir arrancando y parando el *micro* hasta encontrar el punto deseado. Cuando la parte de la espina deje de estar rosada, ha llegado el momento de liberar a Willy. En una tabla y con un buen cuchillo, separar las espinas laterales y dejar un bonito cadáver. Salpimentar y reservar en caliente.

Para la salsa: en un sartén, mantequilla y aceite. Deshacer a fuego bajo: ¡que no se queme! En el último momento, añadir los alcaparrones y bañar con la grasa doble, animal-vegetal.

Emplatado: colocar el lenguado en un plato, napar con la mantequilla/aceite/alcaparrones y rallar la piel de un limón. El cítrico subirá a tu cerebro por la nariz y verás destellos amarillos.

POR QUÉ

El instrumento más importante para la receta es el microondas, ese electrodoméstico que para algunos es sinónimo de cocinar. Pero no, amigos, meter un plato preparado en el micro y apretar un botón no es cocinar. Sin embargo, también podemos entender el aparato como un colaborador excelente para trabajar sin grasas. Esta propuesta las tiene, pero añadidas después. Quien quiera un plato saludable, que salte el paso de la salsa y eche un chorrito de aceite de oliva en crudo antes de rallar el limón o la lima. A diferencia de lo que pasa al usar la vaporera, la textura del pescado después de pasar por el microondas sigue firme.

Al lenguado le gusta la mantequilla, tal vez por sus carnes poco untuosas. La idea parte de un clásico *sole à la meunière*, en el que he suprimido la harina y añadido aceite para evitar el exceso mantequilloso. Sin harina no puede ser a la *meunière*, a la molinera. Qué poca fe tendría la molinera en su producto de no usarlo.

Hay acidez por parte del envinagrado y del limón, y también frescor. El limón es un sol concentrado. Tenerlo en la mano es sostener el verano que algún día llegará.

191

SÁNDWICH DE TARTAR DE ENTRECOT

QUÉ

Entrecot o solomillo de ternera
Pan de molde sin laterales
Aceite de oliva
Anchoas
Mayonesa
Mostaza
Tabasco
Perrins
Sal
Pimienta

CÓMO

POR QUÉ

Para la carne: si almacenas billetes frescos puedes elegir vaca vieja; si no, tira de una ternera solvente. La pieza tiene que estar limpia de grasas y nervios. Picar a cuchillo la parte noble del vacuno. Ejercitar la muñeca y elegir el tamaño: ¿eres de corte gordo o de desmenuzamiento obsesivo? Mejor que el diente encuentre volumen. Salpimentar esa obra maestra de la carnicería.

Para la anchoa: trinchar unos filetes y añadir a la carne. El toque secreto (¡no exageremos!) es este.

Para la salsa: en un bol, mezclar la mayonesa, la mostaza, la Perrins, el tabasco y el aceite. ¿Más o menos picante? A tu capricho. Recomiendo subidito porque el pan amortigua. Preparar de sobra porque se necesita para el toque final. Embadurnar bien la ternera, poco a poco, hasta conseguir un sabor convincente. Tiene que acompañar, no abrumar.

Para el pan: pasar las rebanadas por la tostadora hasta el bronceado.

Emplatado: rellenar con el tartar dos pedazos de pan crujiente y colocar encima tres puntitos de la salsa.

Bocadillo de ternera sin chicha endurecida, pepito en crudo, tartar emparedado para aliviar a los que se agobian con el emplasto y piensan que se tragan al animal vivo. Los aliños de los tartars son variados, incluso admiten alcohol. El que propongo es básico (puedes sustituir el tabasco por otros picantes y darle, si te apetece, unos meneos a un bote de soja) y además te regala una salsa tartariza para otros usos. Ep, que sería un negocio envasar el aderezo. ¿Inversores en la sala?

La anchoa es como la elegancia: está pero no hay que exhibirla. A alguien podría parecerle una rareza, aunque vacuno y salazón se relacionan desde antiguo. Este platillo para comer con las manos da la solución a una demanda social y la finiquita: ¿por qué en los restaurantes nunca sirven suficientes tostadas con el tartar y hay que pedir otra tanda?

Y qué alegría cuando no hay que limpiar los fuegos.

PILOTA SOBRE JUDÍAS BLANCAS CREMOSAS

QUÉ

Carne picada de cerdo
Carne picada de ternera
Cansalada
Huevo
Rebanada de pan de molde
Leche
Piñones
Pan rallado
Judías blancas pequeñas
Harina
Brócoli
Aceite de oliva
Agua
Sal
Pimienta

CÓMO

POR QUÉ

Para la *pilota*: cortar los bordes de la rebanada de pan de molde y mojar con leche. En un recipiente amplio, mezclar las carnes (mitad cerdo, mitad ternera), la *cansalada* a daditos, el huevo, el pan roto e impregnado de leche, los piñones, la sal y la pimienta. Trabajar bien y añadir el pan rallado para dar consistencia. Todas esas operaciones serán las que permitirán un interior jugoso y no una bola de billar. Redondear *pilotes* grandes y espolvorear con harina. En una cazuela, sofreír y tostarlas. Mojar con agua y que hagan chup.

Para las judías trituradas: pueden ser de puesto de legumbres o de conserva. Reservar unas cuantas enteras. Pasar a un vaso de triturar, añadir aceite y agua (poca), y darle al túrmix hasta conseguir una crema. Rectificar de sal.

Para las judías enteras: en una sartén con aceite, tostar. Reservar en caliente.

Para el brócoli: sacar arbolitos, saltear, salpimentar, añadir un poco de agua y dejar que se evapore. Reservar en caliente.

Emplatado: la alfombra blanca de judías cremosas, la reina albóndiga (salseada con el jugo reducido de cocción) y, venerándola alrededor, las judías y el brócoli crujientes.

La *pilota* tiene poca presencia en los recetarios, pese a la imponencia, respecto de la albóndiga, de menor tamaño y siempre en compañía de otras. En Catalunya, la acoge la *escudella*, donde gobierna, sin que su reinado se extienda a muchos platos. En algunas poblaciones de Castelló, como Vila-real, era la estrella de la paella del *dia de Nadal*.

La presento aquí porque podría ser una alternativa local y redonda a la hamburguesa, aunque desaconsejada para meter entre panes. La mezcla básica se puede retocar y engrandecer con hierbas aromáticas frescas o secas, trufa u otras carnes, como las de las aves. *Mongeta blanca* con dos texturas como si fuéramos cocineros con medallas y ese brócoli que completa el trío carne-legumbre-verdura.

QUÉ

Espaguetis
Tomates cherry
Tomillo fresco
Aceite picante
Latas de bonito en aceite de oliva
Tomate en conserva
Cebolleta
Agua
Sal
Pimienta

POR QUÉ

Reflexionado ya en otras recetas el poder de las latas, y el recomendable acumulamiento, y el uso de sus líquidos de reposo, quiero hacer hincapié en los bombones de cherry, alegría y sorpresa de ensaladas compungidas. Piensa qué uso puedes darle a esa explosión de rojo e intenta no mancharte la camisa.

CÓMO

Para los cherry: hay que prepararlos el día anterior. Primero, el horno a 250 ºC. Después, en un recipiente resistente, los cherry, salpimentados, rociados con aceite y bautizados con tomillo (si no tienes, busca en la alacena hierbas aromáticas secas). Apagar el horno y meter los tomates. Dejar allí hasta que se enfríe. Después, saca la piel de los cherry.

Para la pasta: en una olla con mucha agua y sal, hervir.

Para el bonito: en una cazuela grande, pochar la cebolla picada con el aceite de las latas. Cuando esté, el tomate, bien salpimentado, hasta que coja un bonito color de pintura antigua. Y un poco de aceite picante, según agrado y resistencia de los comensales. Finalmente, el bonito, que apenas necesita cocción. Sacar los espaguetis del agua y rehogar en esa pócima.

Emplatado: los espaguetis, los bombones y, ¡claro!, pimienta.

ESPAGUETIS BONITOS CON BOMBÓN DE TOMATE

LLORITO, ESPINA Y ARROZ CRUJIENTE

QUÉ

Lomos de *llorito*
Espinas (¡no dejes que las tiren
   en la pescadería!)
Arroz largo
Perejil seco
Tomillo seco
Ajos
Aceite de oliva
Agua
Leche
Cristales de sal
Pimienta

CÓMO

Para el aceite de espinas: en un recipiente apto para microondas, romper un par de espinas, añadir un par de dientes de ajos sin pelar y mojar con aceite de oliva. Tapar y darle al máximo al *micro* durante un minuto. Sacar las espinas y los ajos. Reservar el aceite.

Para las espinas: dejar un par de horas en leche (las que no hayas usado para el aceite).

Para el arroz: limpiar bien y llevar a una cazuela con agua. Cuando esté hecho, colar y salpimentar. En una cazuela antiadherente, freír con el aceite de espinas. Rociar con la mezcla de perejil y tomillo. Ir tostando lentamente con el añadido de más aceite.

Para los *lloritos*: enharinar y, en aceite muy caliente, freír con las escamas hacia abajo (para erizar bien, pasar un cuchillito a *contraescama* y levantar). Dejar en una bandeja con papel de cocina para desengrasar. Sacar las espinas de la leche, secar, rebozar con harina y freírlas también.

Emplatado: en la base, el arroz tostado y espolvoreado con más perejil/tomillo; encima, los *lloritos*, pimienta y cristales de sal. A un lado, la espina crujiente.

POR QUÉ

Hace muchos años, cuando Papa Noel aún tenía la barba negra, Carme Ruscalleda nos descubrió este pescado, que llaman *raor* en Mallorca. Pez cabezón y de cuerpo arcoíris, pasaría por mono si lo vieras en un acuario. Desde los tiempos del Sant Pau, cada vez que los encontramos en el mercado acaban en la sartén: la fritura es el modo más sencillo y eficaz de prepararlo, con el placer visual de las escamas puntiagudas, reforzado aquí con los cristales de sal.

El arroz frito sirve para otros acompañamientos o como estrella con un par de rodajas de morcilla o con cortes de una tortilla plegada sobre sí misma.

Hecha la foto, y antes de darle al tenedor, pensé que podría haber *turmixeado* un *allioli* suave con el aceite de las espinas y los ajos en vez de usarlo para freír el arroz. Queda pendiente ese untuoso añadido.

LA *FIDEUÀ* DE CASA

QUÉ

Fideos perla
Morralla (y/o pescado de roca y/o
    cabezas y espinas)
Galeras
Cangrejos
Sepia
Cúrcuma
Ajos
Tomate
Ñora
Aceite de oliva
Patata
Cebolla
Sal
Pimienta

CÓMO

POR QUÉ

<u>Para el caldo</u>: en una olla exprés, agua, la morralla (y/o pescado de roca y/o cabezas y espinas), cúrcuma, sal y pimienta. Una patata, una cebolla y unos ajos van bien: si no tienes, ningún problema. Tapar, encender al fuego y esperar. En el momento en el que la olla comience a silbar, aguardar entre 10 y 15 minutos. Apagar y dejar que salga el vapor antes de abrir. Colar.

    <u>Para la *fideuà*</u>: en el *paelló* (paella: ver el apartado de arroces), sofreír con aceite abundante la sepia salpimentada y cortada (si tiene bazo/*melsa*, reservar: aún no es el momento), para seguir con las galeras y los cangrejos, también con la correspondiente sal y pimienta. Retirar los crustáceos. En el aceite sabroso, sofreír el tomate, los ajos laminados, un poco de *melsa* y la ñora troceada y sin semillas (cuidado: que no se queme). Llamar a filas a los fideos, salpimentar y *curcumar* y rehogar bien. Hora del caldo. Y de devolver los crustáceos a este mar que amarillea. Secar y buscar el tostado en la base. Apagar el fuego y dejar reposar cinco minutos bajo papel de periódico.

    <u>Emplatado</u>: los fideos, la sepia, el cangrejo y la galera. Y el disfrute.

La historia de esta *fideuà* (*fideuada*, según la forma correcta) tiene más de 30 años y no corresponde a la casa de mis padres sino al piso de estudiantes. La he trasladado, parecida, a mi historia particular y es la que preparo a mis hijos. A caballo entre la de Gandía y la de Cambrils, no es exactamente ni la una ni la otra porque no uso fideo fino pero sí la técnica del *rossejat*, y evito los horrores del horno, que le da una textura astillosa apta únicamente para comedores de clavos.

    En temporada, congelo cangrejos y galeras para disponer de reservas todo el año, y en la pescadería pido las cabezas y las espinas de los pescados que compro para guardarlos bajo cero. El resultado es un caldo claro, limpio, básico, sin aceite, que será enriquecido después en el *paelló* con las galeras y los cangrejos. Decir sobre las galeras (consultar la receta con pollo) que son siempre bienvenidas. Ah, no se admite el *allioli*, remedio que solo absuelve una *fideuà* de baja calidad.

ESPALDA DE CORDERO AL HORNO (Y SU TACO)

QUÉ

Espalda de cordero
Cabeza de ajos
Menta fresca
Menta seca
Tortillas de trigo
Cebolleta
Vermut
Maizena
Agua
Sal
Pimienta

CÓMO

POR QUÉ

Para el cordero: 24 horas antes, masajear la espalda con sal, pimienta y menta seca. Sobre una bandeja con rejilla, meter en el horno acompañada de una cabeza de ajos. La parte con más grasa hacia abajo. En el fondo, agua con vermut. Tapar con un papel de horno humedecido. Dos horas a 150 °C, arriba y abajo. Girar cada media hora. Y una media hora adicional, a 200 °C, destapada, mostrando cuerpazo broncíneo, 15 minutos por cara. Con habilidad y buen cuchillo, separar la piel de la carne.

Para la cebolleta: cortar en juliana, meter un minuto en el microondas, pasar a agua fría, secar y aliñar con aceite de oliva, sal, pimienta y menta fresca picada.

Para los ajos: sacar la pulpa, la untuosa masa ocre.

Para el jugo: en una cazuela, volcar el líquido de la cocción, añadir menta fresca picada y reducir. Desleír una cucharadita de Maizena en agua fría y volcar. Concentrar hasta que sea salsa. Con una parte, embadurnar la carne de cordero cortada o deshilachada.

Para las tortillas: calentar, según el fabricante, en horno, microondas o sartén.

Emplatado: la tortilla es el plato. La carne, la salsa, la piel, la cebolla y, a un lado, la pulpa cremosa de ajo.

Este plato permite muchas variaciones y admite tanto espalda como pierna y diferentes masajes (he probado, incluso, con jarabe de arce y soja, y muy bien), salsas adicionales (yogur con menta), fondos alcohólicos (palo cortado, whisky...) y acompañamientos (berenjena, calabaza o pimiento rojo hechos en el horno junto a la pieza, frutas compotadas, cuscús con frutos secos...). Si lo montas sin la tortilla de trigo, el resultado será también satisfactorio.

Cordero festivo, familiar, para compartir, con salsas y aditamentos en la mesa y la laboriosa alegría de componer el taco, enrollar, girar la cabeza y morder, pensando ya en el siguiente.

QUÉ

Sardina ahumada
Lata de anchoas
Patata
Col
Aceite de oliva
Agua
Pimienta

POR QUÉ

Alternativa al *trinxat* de la Cerdanya, con el traslado de la especialidad pirenaica al lado del mar. Sustituimos el cerdo por la conserva, siempre en la despensa, en busca de parecidos placeres, pero con un sabor distinto.

¿Más saludable? No sabría decirle, doctor: la anchoa tiene mucha sal, aunque aquí queda amortiguada con la mezcla. La sardina ahumada en la superficie aportará carnosidad y olores a hoguera, una cierta sensación de intimidad y recogimiento.

Dar vueltas a la tradición para, desde lo reconocible, encontrar lo diferente.

CÓMO

Para la anchoa: abrir la lata, sacar el contenido, esas lenguas saladas y brillantes, y trocear. Reservar el aceite al que la anchoa ha transmutado el alma. En secreto, unta un pedacito de pan y no se lo digas a nadie.

Para la patata y la col: pelar la patata y trocear; deshojar la col y cortar en pequeños pedazos. De momento, más sencillo que encajar un puzle de dos piezas. En una cazuela amplia, hervir la patata y la col. No salar, porque la anchoa pega fuerte. Cuando las hortalizas estén hechas, sacar el agua (y reservar un poco por si fuera necesario). En la misma cazuela, y con la ayuda de batidor de mano o un tenedor, ir machacando. Añadir de inmediato las anchoas cortadas y el aceite de la lata, y más aceite si fuera necesario. Dar unas vueltas al molinillo de la pimienta. Ir desmenuzando el contenido hasta conseguir una pasta.

Para la pasta: separar en porciones individuales. En una sartén, tostar pacientemente por todas las caras como si se tratase de una tortilla. Ir volteando hasta conseguir un bronceado duradero.

Emplatado: sobre el bonito cuerpo dorado, colocar la sardina ahumada o, de no disponer de ella, una anchoa de gran tamaño y temperamento. Lluvia de pimienta y un chorrito de aceite para levantar brillos.

TRINXAT
DE LA COSTA

ALBÓNDIGAS DE GAMBAS O GAMBAS CON ALBÓNDIGAS

QUÉ

Carne picada de ternera
Gambas medianas
Huevo
Rebanada de pan de molde
Leche
Pan rallado
Vino blanco
Harina
Ajos
Cebolla
Aceite de oliva
Tomate
Agua
Cebollino
Sal
Pimienta

POR QUÉ

El summum es, antes de comer, romper la cabeza de una de las gambas y salsear la salsa, ya como abuso lingüístico y de concentración gambera. No esperes que el crustáceo del interior de las bolas dé un gusto sumarísimo, pero sí aportará textura porque es graso. Plato que mancha los dedos y la barbilla y que, por eso, es tan bueno. Recomiendo armarse con una barra de pan y terminarla como si no hubiera un mañana, o un pasado mañana.

CÓMO

Para el caldo de gambas: pelar algunas gambas. Cortar los cuerpecillos y reservar para el siguiente paso. En una cazuela, sofreír los ajos, las pieles y las cabezas. Salpimentar. Agua y chup chup.

Para las albóndigas: en un plato, romper el pan y mojar con leche. Mezclar la carne picada de la ternera, el huevo, el pan húmedo, la sal y la pimienta. Amasar con las manos. Para dar consistencia, el pan rallado. Como último paso y para respetar su integridad, las gambas cortadas. Hacer albóndigas con la mayor gracia posible. En ese campo, lo reconozco, no soy un hacha: me salen abuñueladas.

Para el guiso: en buen aceite, saltear las gambas salpimentadas y reservar en caliente. Enharinar las albóndigas, pasar por el mismo aceite sabroso y reservar. En esa sustancia, sofreír la cebolla rallada. Hora del tomate (poco). Cuando pierda el agua y se concentre, vino blanco (poco). Que reduzca y, hola, albóndigas. Mojar con el caldo de gambas y dejar que la salsa espese.

Emplatado: las albóndigas, la salsa, las gambas y el cebollino picado.

PARA ACABAR

Torrijas especiadas
—
Fresones líquidos con nata
—
Esta no es la tarta de queso
de La Viña
—
Flan cremoso
—
Tableta de chocolate
—

TORRIJAS ESPECIADAS

QUÉ

Pan rectangular de *brioche*
Leche
Canela en rama
Cardamomo
Curri
Azúcar moreno
Limón
Natillas de supermercado
Mantequilla
Aceite de oliva
Bolas de pimienta negra

CÓMO

Para la leche infusionada: en un cazo, hervir la leche. Cuando la cosa se acelere, añadir la canela en rama (y si no, polvillos de la especia), el cardamomo machacado, las bolas de pimienta negra, el curri y el azúcar moreno. Remover para que se mezcle bien y apagar. Dejar enfriar. Se puede preparar de un día para otro, dejar en la nevera y que la leche infusione bien con los chispazos.

Para el *brioche*: cortar en rectángulos y mojar en la leche infusionada unos instantes: manejar con cuidado, elemento frágil. Empapar bien. En una sartén, añadir mantequilla y aceite de oliva.

Tostar el paralelepípedo por todas las caras.

Emplatado: desengrasar sobre papel de cocina, llevar al plato y cubrir la estructura con las natillas y el azúcar moreno, y darle al soplete o al quemador de hierro, y si tus armarios están vacíos de instrumental, el grill o una espátula calentada en la llama. Rallar piel de limón y darle unas vueltas al molinillo de la pimienta negra en busca de ese picante cortés.

POR QUÉ

¿Y por qué no? Plantear la torrija, tan cuaresmal, como un postre contrastado, lo dulce y lo picante, lo previsible y lo imprevisto.

No sé si existe una escuela de pureza *torrijera* (basada en ¿qué?), pero esta receta no lleva huevos (se puede añadir la leche infusionada), menos mantequilla (se puede hacer más mantequillosa) y las natillas son industriales. Por supuesto, la crema pastelera casera dará mejores prestaciones, pero esta es una solución para haraganes.

El modelo *abriochado* tiene varias paternidades, en las que siempre confluyen los nombres de Martín Berasategui y Michel Guérard. Empolvémonos con curri y emprendamos un viaje, aunque solo sea de fantasía.

QUÉ

POR QUÉ

Fresones
Nata montada
Azúcar moreno

CÓMO

Para los fresones: triturar con el azúcar moreno. Enseguida, una salsa roja.

Emplatado: la blanca nata montada y, encima y a los lados, la sangre.

La receta más corta del libro: cortísima y sencillísima. En casa montamos la nata con un sifón. Sospechando que ese adminículo no está en los hogares, pese que fue un símbolo de la revolución gastro que comenzó a mediados de los 90, recomiendo comprar en una pastelería una buena ración del untuoso derivado de la leche.

Mi suegra lo preparaba de esta manera para regocijo de sus seis hijos, entre ellos, mi mujer, Goretti, así que nuestra sorpresa fue mayúscula cuando lo encontramos hace más de 20 años como postre de un menú degustación en un ¡dos estrellas! de la provincia de Alicante.

Fue una comida decepcionante y sin lugar en la memoria, con un salmonete con mejillones y salsa de zanahoria y cardamomo como uno de los dos únicos recuerdos. El otro, esos fresones líquidos con nata y la sospecha de una lectura telepática entre Moraira y Moià.

FRESONES LÍQUIDOS CON NATA

ESTA NO ES LA TARTA DE QUESO DE LA VIÑA

QUÉ

460 gr de queso crema
60 gr de queso azul
3 huevos
200 gr azúcar
250 gr de nata
Harina

POR QUÉ

Esta sí es la tarta de queso de La Viña, con el añadido de un poco de picardía azulona que no está en el original: eso no me convierte en autor, si bien el queso salado le arrebata la inocencia.

El pastel quesero de ese restaurante de San Sebastián, obra de Santiago Rivera, es, probablemente, el más copiado del mundo (bajo el llamativo nombre de *basque burnt cheesecake,* algunos, tizones) porque han tenido la generosidad de facilitar la receta en su web. Lo copian y lo recopian sin atribuir la paternidad. ¿El porqué del éxito? Porque es de una sencillez pasmosa y de una eficacia irreprochable.

CÓMO

Para la tarta: usar un molde en el que se pueda separar la base del círculo de silicona. En caso de no tenerlo, forrar un molde con un papel de horno pasado por agua y escurrido. Horno precalentado a 220 °C. En un bol, batir los tres huevos, añadir el azúcar, el queso crema, el queso azul, la nata y la harina. Mezclar muy bien y verter en el molde. Colocar en la parte baja del horno y sin ventilador. Bajar el horno a 210 °C. En unos 40 minutos estará hecha. Dejar que se enfríe y atacar enseguida o dejar en la nevera. Desmoldar antes de meter el cuchillo.

Emplatado: solo una porción... Vale, ponme otro pedacito. Pero pequeño, ¿eh?

QUÉ

4 huevos
½ litro de leche
100 gr nata
100 gr azúcar (más tres cucharadas extra)
Agua
Una rama de canela
Piel de limón

POR QUÉ

Ningún libro de cocina sin su receta de flan y ninguna carta sin el tembloroso final. Desde el túnel del tiempo, el flan de verdad, el que lleva huevos, y no ese con polvos que *mandarineó* durante décadas, ha vuelto y los restauradores se esfuerzan por asegurar que el suyo es auténtico, memorístico y superior.

Este que ofrezco bebe de muchas recetas para desembocar en una, la propia, con un poco de nata para mejorar el lechoso cuerpo. Si omites el paso del caramelo, quedará blanco, igual de sabroso, aunque con aspecto de iceberg en dulce colisión con la boca.

CÓMO

Para la leche: mezclar la nata con la leche, la rama de canela y la piel de limón e infusionar. Apagar cuando hierva. Colar y dejar enfriar.

Para los huevos: batir y mezclar con los 100 gramos de azúcar ayudado con una espátula.

Para el caramelo: en un cazo, tres cucharadas de azúcar. Añadir (poca) agua e ir removiendo con la espátula hasta que coja color. Cuidado con quemarse con ese napalm. Repartir por el fondo de las flaneras.

Para las flaneras: mezclar los huevos con la leche y llenar las flaneras. Meter en un baño maría y llevar al horno precalentado a 200 °C. Colocar en la parte baja. Estarán en una media hora.

Emplatado: cuando se hayan enfriado, desmoldar y atacar con una cucharilla.

FLAN CREMOSO

TABLETA
DE CHOCOLATE

QUÉ

Media tableta de chocolate al 70 %
Media tableta de chocolate de
  postres
Almendras saladas
Cristales de sal
Pimienta

POR QUÉ

Este es un modo muy sencillo y eficaz de tunear tus propias tabletas: con cualquier fruto seco, galletas maría, cortezas de cerdo... Imagina y actúa. Para ello le di un nuevo uso al estuche de silicona que la marca Lékue fabrica para hacer pescados y verduras al vapor. Funciona incluso con esa aberración que son los chocolates al 99 %, apaciguados con la pastilla de postres. Serás un maestro chocolatero en un minuto.

CÓMO

Para las almendras: trocear.
Para las tabletas: en un molde rectangular, romper las dos tabletas, añadir las almendras saladas y darle al molinillo de la pimienta. Meter un minuto a toda castaña en el microondas. Si no se han deshecho los pedazos, medio minuto más, aunque, alerta, pueden quemarse. Con una espátula, aplanar la superficie. Diseminar los cristales de sal. Dejar que se enfríe y meter en la nevera.
Emplatado: desmoldar, colocar sobre papel de horno blanco para que destaque el negro y en una tabla de madera para cortar.

«Para viajar lejos no hay mejor nave que un libro».

EMILY DICKINSON

Gracias por tu lectura de este libro.

En **penguinlibros.club** encontrarás las mejores
recomendaciones de lectura.

Únete a nuestra comunidad y viaja con nosotros.

penguinlibros.club

Este libro
se terminó de imprimir en
Sant Quirze del Vallès, Barcelona,
en el mes de septiembre de 2022